随着央视大型纪录片《华尔街》在央视二套的热播，这段关于资本市场兴衰和曾经维系着全球经济命脉的“老街”重又被人们忆起……

华尔街

——资本的力量

王　宇◎编著

透过华尔街200多年的历史沉浮，探寻现代金融的位置
从历史轨迹中追寻资本市场的兴衰和经济起伏的规律

200多年的历史中，华尔街见证了金融界的沧桑变化，也见证了资本市场在全球经济中所发挥的巨大力量。本书将以另类思维为您解读华尔街证券市场的起起伏伏。同样是对华尔街历史的回顾，文字弥补了影视的局限性，更为详细地为大家呈现华尔街的历史真相。

中国财政经济出版社

内 容 简 介

多年来华尔街作为美国的金融中心，更是被全世界奉为积聚财富的中心，一直是全球瞩目的焦点。它曾经成就了无数人的财富梦想，创造了无数个翻云覆雨的金融奇才。但是贪婪是需要代价的，当无数的人靠投机赚取大笔财富的同时，也埋下了危机。

本书以华尔街金融危机为主线，以证券市场的投机为例，揭露资本市场的起伏兴衰。借助第一次世界大战和工业革命带来的机遇，石油、铁路等工业迅速发展，创造了一个又一个财富传奇，也使得一些国家迅速崛起，成为世界经济的活跃分子，其中最为著名的便是美国，成就了举世瞩目的华尔街传奇。21世纪房产投机引发的次贷危机，又使美国面临着重大挑战。曾经作为美国金融中心的华尔街经历了世界金融界最大的危机，独自演绎着它的兴衰荣辱。

本书回顾华尔街的一次次危机和机遇，从中探索现代金融的发展轨迹，使人们在投资中吸取教训和经验，借助历史，避免危机的“重现”，为资本市场投资者提供了依据和借鉴。

图书在版编目（CIP）数据

华尔街：资本的力量/王宇编著．—北京：中国财政经济出版社，2010.11

ISBN 978-7-5095-2552-4

Ⅰ.①华… Ⅱ.①王… Ⅲ.①金融市场-研究-美国 Ⅳ.①F837.125

中国版本图书馆CIP数据核字（2010）第200532号

责任编辑：付克华　　责任校对：李　丽

封面设计：闫　历　　版式设计：董生萍

中国财政经济出版社 出版

URL：http：//www.cfeph.cn

E-mail：cfeph@cfeph.cn

社址：北京市海淀区阜成路甲28号　邮政编码：100142

发行处电话：88190406　财经书店电话：64033436

北京中兴印刷有限公司印刷　各地新华书店经销

787×960毫米　16开　16.5印张　250 000字

2010年11月第1版　2010年11月北京第1次印刷

定价：30.00元

ISBN 978-7-5095-2552-4/F·2171

（图书出现印装问题，本社负责调换）

本社质量投诉电话：010-88190744

序

300多年前，华尔街还是一条默默无闻的泥泞小街，但是借助历史机遇，它成为美国金融中心，并且影响着世界金融体系。短短300多年，是什么造就了华尔街？又是什么导致了美国经济的崛起？可以说，华尔街的沉浮就是世界经济的沉浮，因为它的一举一动无不影响着世界经济的格局。华尔街代表着世界经济、代表着资本主义运行的资本市场、代表着当今世界最先进的科技含量。

华尔街的起步源自纽约曼哈顿岛的南端。纽约是一个天然的深水港，因为欧洲殖民势力的侵入，纽约自然成为一个非常繁华的贸易中心。当时欧洲最先进的文明和科技传到纽约，使这条小街道拥有了成长所必需的精神和文化基础，为其成为美国甚至世界的经济核心打下了坚实的基础。人们在华尔街买卖各种物品，用来赚取差价，这就是最初的投机。随着《梧桐树协议》的诞生，这条街道有了最初的规矩。这也昭示着这条街道越来越具有其独特性。随后，更大的投机行业应运而生——股市、楼市等等，这个时期，可以说是华尔街最显耀的时刻，它经历了股市崩溃、经济大衰退、战争等一系列的事件，但是这些灾难成就了华尔街的神话，它依然健在，并且随着危机带来的转机走得越来越好。

在华尔街诞生140年之后，出现了《证券法》和《证券交易法》。随着这两部法规的诞生，华尔街在经济中的地位达到了顶峰，家喻户晓。它创造了索罗斯、富兰克林、洛克菲勒、卡内基、保尔森等一个个举世瞩目的人物，他们影响着华尔街的整个金融世界，在华尔街创造了无数个辉煌的财富传奇。华尔街有过辉煌的时刻，也有过黯淡的时刻，在金融危机席卷而至时，许多大投行和公司伴随着危机而消亡，或者被并购，曾经辉煌的历史随着时间的蔓延而消失，但是他们曾经创造的奇迹却永远被人们津津乐道。

《华尔街——资本市场的力量》在揭露华尔街金融危机的同时，也将回望这些投资大师的辉煌投资生涯，使人们在回顾历史时也能更好地选择自己的投资方向。

刘　爽
北京大学政府管理学院

前 言

随着南美战争的结束，美国工业迅速崛起，进入了空前繁荣的时期。此时，位于纽约市的华尔街也凭借着它所掌握的最先进的资本市场，迅速成为世界的经济中心。在这期间，华尔街经历了许多坎坷和风波，诸如体系混乱、股市崩溃、经济衰退等等危机，但是每一次，它都能够以顽强的毅力重新站起来。华尔街可以说是有着无与伦比的经济复苏力，这种复苏离不开华尔街的一个个投资精英，可以说是华尔街成就了他们，同时他们也成就了华尔街。

华尔街的金融危机是一场关于各个国家之间的博弈，在这场危机背后，可能是一个国家的兴起，也可能是一个国家的衰落。也许表面看似洋溢着平静和和谐，但是私下却暗流汹涌，各做各的打算。伴随着华尔街的起伏，资本市场成为各国间最关注的力量。

华尔街从一条无名小街发展为“世界经济中心”，不是一帆风顺，更不是一蹴而就的。不管是华尔街的股市还是楼市、石油，都曾经因为投机事件而产生一些危机，这些事情都将会在本书中一一揭露，为大家提供一个真实的华尔街。

可以说本书就是一部充满历史层次的“纪录片”，在这部片子中，处处洋溢着平静和发展，娓娓道来的文字让你愉快而顺畅地读下去。但合上本书，也许你就能在书中得到你心中最想得到而从未得到过的答案。资本市场是现代社会必然要尊重的重要一环，我们不能回避。面对

21 世纪全球的竞争，中国的发展，也应该尽量去了解资本市场，去建设这个市场，并且让它来推动中国经济的崛起。

我们应该时常回顾历史，因为它是公平的，更是需要展示的。华尔街的历史对于现代世界经济来说，绝对应当经常回味，因为它饱含着智慧和发展的魅力。

目录
CONTENTS

第一章　世界经济中心的形成

“华尔街”以“美国的金融中心”闻名于世。美国摩根财阀、洛克菲勒石油大王和杜邦财团等开设的银行、保险、航运、铁路等公司的经理处集中在这里。著名的纽约证券交易所也在这里。

第二章　威震华尔街的群雄

股市向来被人视为精英的聚集之地，而世界上的“金融圣地”华尔街则是衡量一个人智慧与胆识的决定性场所。从 1921 年到 1929 年，道·琼斯指数从 68 点低位涨到了 381 点，一度被视为财富机器的华尔街，吸引了全世界的眼球。于是，一个个投资大师在这里诞生，一幕幕投资故事在这里上演……

第三章 投机引发的“环球风暴”

选择投机是人类贪婪的逐利本性，投机确实能够给人带来预期的利益，但是投机往往也会给人类带来更多的经济灾难。震惊世界的华尔街金融海啸便是因为长期疯狂的投机而造成的。投机既能创造财富，也能酿造危机。

第四章 浴火重生

自 20 世纪 20 年代起，华尔街经历了历史上最为美好、最为糟糕的时代。先是以苦涩为开头的繁荣，随即又随着 1929 年 10 月 29 日股市泡沫的破灭，陷入了经济低谷。股票市场发展监管的缺失，需要政府和市场来平衡。在一次次的浮沉中，华尔街也经历着一次次的变革，并使华尔街在变革中不断向前发展着……

第五章　大国之间“争奇斗艳”的资本博弈

华尔街用它自己的方式演绎了美国从资本大国到资本强国的历史。在这场没有硝烟、虚拟无形的数字战争中，有人一夜暴富，有人一夜破产；有的国家借此一跃而起，有的国家却因此爆发危机。在这场资本博弈中，又是什么使美国始终占据着全球金融博弈的最高点呢？

第六章　暗潮涌动，资本主义的力量

在过去30年间，几乎所有重要的高科技产业都是从美国兴起的。最重要的原因便是美国拥有会创造奇迹的华尔街，而华尔街又有着一个强大的资本市场。资本的力量将科学家和资本家的利益紧紧地联系在一起，创造了美国在科技方面的优势，可见，美国资本主义的力量不容小觑。

第七章　追寻资本市场“做空”的真相

1602年，荷兰阿姆斯特丹成立了世界第一家证券交易所，如果你觉得证券价格太高，就用卖空来赚钱，随着交易所的成立，做空应运而生。做空机制对于投资市场来说，固然有着积极的作用，但其负面影响也不容忽视。华尔街证券市场发展的历史曾多次证明了由于做空而引起的巨大金融动荡。

第八章　政府与市场之间的渊源

2008年9月26日，美国部分群众在纽约华尔街举行聚会，声呼反对政府救市。这使得美国财长保尔森十分着急，为了使救市计划顺利进行，他甚至在众议院女议长佩洛西面前下跪。那么，政府救市到底可取不可取呢？很多人认为市场的上下波动是属于自主沉浮，政府不应该参与，但是，面对市场经济体系的崩溃，政府难道袖手旁观？政府与市场之间的渊源可谓由来已久。

第九章　超越历史的回顾和展望

历史虽已过去，但是历史却又在不断地重演。历史如果可以完整地记载下来，这将是人类最好的危机导师，因为历史在其特定的时期就好像一棵茂盛的大树，虽“风华已过”，却可为柴，为后人点亮火焰，指引明路，照亮未来。华尔街是一片最难窥视其细节的森林……它的历史无疑是世上最宝贵的财富，财富人人可以有，却不是人人都会用。我们应当从“血淋淋”的历史中看到些什么，拿来些什么，去为以后的发展“铺路”。

CHAPTER 1

第一章

世界经济中心的形成

“华尔街”以“美国的金融中心”闻名于世。美国摩根财阀、洛克菲勒石油大王和杜邦财团等开设的银行、保险、航运、铁路等公司的经理处集中在这里。著名的纽约证券交易所也在这里。

1. 世界经济中心——华尔街的诞生

●华尔街形成的基础

在17世纪，纽约为荷兰殖民地，是荷兰裔移民的聚居地，当时叫作新阿姆斯特丹（Nieuw Amsterdam）。新阿姆斯特丹位于曼哈顿岛前端，夹在两条航运方便的河流之间，是易于停靠船舶的天然深水良港。由于纽约的地理位置优越，拥有天然的良好港口，再加上贸易活动日益昌盛，证券交易开始逐渐成形，因此为华尔街的形成奠定了物质基础。

荷兰人凭着先进的商业思维和贸易理念使得纽约逐渐繁荣起来，并将资本主义的商业理念带到新阿姆斯特丹，使得纽约的经济迅速发展起来。在独立战争结束后，纽约市场上便出现了股票交易所的前身——纽约股票交易委员会。

华尔街的由来

华尔街的童年期是从1653年到19世纪末期。航海业发达的荷兰人看重了纽约的地理优势，把它作为自己的殖民地。

尽管资本主义的早期萌芽是从文艺复兴时期的意大利开始，但是真正意义上的资本主义是到了17世纪中叶的荷兰才逐步完善的。早期的荷兰并不存在国家、不存在君主，人们关心的只有金钱，商人指导着社会的进步、计划着国家的行政和财政。当时的荷兰形成了一套非常完整的金融体系，包括银行、股票交易所、信用、保险、有限责任公司等，一度成为世界经济与财富的中心。而身为荷兰殖民地的纽约，无疑也受到了这种资本主义商业精神的影响。

纽约的地理和经济优势引来了英国人的垂涎。荷兰统治者 Peter Stuyvesant 为了防范英国人，便在新阿姆斯特丹北部前沿建起三角形栅栏——“墙”。这个“墙”延续910米，东起海岸线，西到三一教堂。1664年，新阿姆斯特丹被英国人攻陷，这座“墙”并没有在这场战争中起到多大的作用。1685年，英国人把这条街命名为“华尔街”（Wall Street）。英文单词“Wall”是“墙”的意思。

在英国人统治时期，纽约迅速发展成为港口城市，并逐渐形成国际大都会的雏形。独立战争结束后，纽约市场发展迅速，市场上雨后春笋般地冒出了大量的为各种贸易交易服务的机构，华尔街也逐渐成为世界经济的中心。

●偿债计划带来经济繁荣

亚历山大·汉密尔顿可以说是华尔街上最著名的居民，他是从无到有创建出美国，并且为美国的未来发展指明道路的设计者之一。一名观察家曾这样认为：汉密尔顿把自己看作乔治·华盛顿总统任期的联邦总理，而不仅仅是一位财政部部长。汉密尔顿为美国的历史进程做出了巨大的贡献，其中他所推行的偿债计划对新生美国的经济产生了非法而迅速的影响。

偿债计划

由于独立战争的影响，美国的内外债总额高达5400万美元，其中包括严重贬值的面值4000万美元的大陆币。当时的单债利息一项就能达到400万美元，而联邦政府的年度税收根本无力偿还。这些债务对于新生的美国来说，无疑是一个沉重的负担。

华盛顿担任美国总统后，随即任命汉密尔顿为财政部部长。即使在战争期间，纽约依然存在着对国债、借据以及大陆法币的投机活动。当汉密尔顿按照新的宪法重新铸造国家的金融基础时，如何监管这些证券的投机活动成为这个国家重大的政治问题之一。因此，为了解决美国的债务困境和监管证券投机活动，汉密尔顿实施了集资和偿债计划。他试图做三件事：第一，建立一个完善的联邦税务体系，以保证国家有一个稳定的财务来源；第二，用美国政府的信用作为担保，以优厚的条件发行新的债券，以此偿还旧国债和战争期间几个州的债务；第三，按照英格兰的模式建立中央银行，管理财政并监管国家的货币供应。这些做法对美国无论是经济上还是政治上都有很多的正面作用，但是这些做法不会让所有人满意，想要让民众用买生活必需品的钱来买国债是一个很棘手的问题。因此在偿债计划问题上，汉密尔顿采取了很多措施，而最直接的目的就是让投资者在投资的安全性上放一百个心。汉密尔顿认为，应该将资金集中于商人、经纪人阶层，并由他们对国家的未来进行风险投资。为了赢得新生资产阶级的信任，国家必须预先投资，而偿债计划就是其中的一个步骤。

而汉密尔顿偿债计划却使国会最终同财政部产生了分裂，而最让人感到棘手的对手是代表弗吉尼亚州的詹姆斯·麦迪逊。他极力反对汉密尔顿的做法，认为那些以低价买进旧债券和其他票据的人是投机者，不能允许他们兑换新券来获利，只有初始的债券拥有者才应该获得盈利。但在实际操作中，确定谁是这些债券最初的持有者，将会耗费大量的时间，而且是完全不可能的。偿债计划中的州政府债务由联邦政府承担的做法，损害了詹姆斯·麦迪逊代表的弗吉尼亚州在内的几个州的利益。因此，汉密尔顿的偿债计划遭到了以詹姆斯·麦迪逊为主的反对势力的极力反对，并且詹姆斯·麦迪逊将反对意见写进了自己对汉密尔顿的偿债计划的修订草案中：一是要区分国债的原持有人和再持有人；二是让州政府承担各自的债务。虽然这份修订草案最终没有经过众议院的同意，但是詹姆斯·麦迪逊依然受到了众多人的拥护，这些人的支持让詹姆斯·麦迪逊在议院的一次初步投票中击败了汉密尔顿。

遭受失败的汉密尔顿并没有放弃，坚信自己提出的偿债计划是不可或缺的。汉密尔顿经过努力，争取到了托马斯·杰斐逊的支持。在托马斯·杰斐逊扮演秘密调解人的情况下，汉密尔顿这一偿债法案最终在国会得以通过。但是为了让反对者接受偿还国债的方案，汉密尔顿不得不做出让步，使纽约失去了成为新联邦首都的机会。尽管遭到了詹姆斯·麦迪逊等政治家的反对，但是在经过了一番激烈的讨价还价之后，这一法案最终还是得以通过。汉密尔顿坚信，新诞生的美国不仅应该制定明确的宪法，而且还要相应地建立起制定和实施商业法规的有效运作系统。而最后的事实也证明了汉密尔顿是正确的，他的计划直接带来了美国经济的繁荣。

在实施过程中，汉密尔顿首先开始发行新纸币，取代大陆币。同时发行联邦债券，募集了 8000 万美元资金。债券买卖主要面向沿海商业中心地带的券商和经纪人。

汉密尔顿偿债计划的直接结果就是带来了美国的经济繁荣，在 18 世纪 80 年代，美国还处于金融混乱中，但是在偿债计划实施后，1794

年美国已经在欧洲市场获得了最高的信用等级，其债券能够以10%的溢价出售。

纽约的各种金融活动也大大活跃起来，对于大陆币面值可能重新恢复，华尔街经纪人早有预料。他们以十分优惠的折扣大量购进，用旧币换新币，再用新币购买政府债券。当曼哈顿南区普通投资者犹豫不决时，华尔街的经纪人不仅购入大批国债，还从南方各州买进了大批大陆币，几乎相当于美国债务总额的2/3。塔列朗解释了这一现象，这些新债券是"安全的，而且不会下跌。它们以非常稳健的方式在市场发行，而这个国家的经济正以一日千里的速度在发展，没有人会怀疑它的偿付能力"。

纵然艰难，汉密尔顿最终还是让偿债计划得以实行，并且使得整个国家和纽约地区的经济蒸蒸日上。尽管历史对于汉密尔顿的评价褒贬不一，但是偿债计划可以说是才智超群、精明能干的汉密尔顿对美国的进步做出的伟大贡献。

●资本主义市场发生了"状况"

资本主义市场的起步带动了华尔街的兴起，尽管这一切完全符合经济发展的需要，但是由于美国的资本主义市场正处于童年时期，是一个政府完全缺位的自由市场，这样的自我演进方式是注定会有缺陷而不可持续的。

在汉密尔顿的偿债计划实行后，政府发行了大量的新国债，代替原来的旧国债。这就使得纽约市场上一下子增加了很多可交易的品种，市场也在这种情况下迅速扩展，很快就出现了现在的纽约证券交易所的前身——纽约股票交易委员会。

新生的美国无论在政治还是经济上都是在蹒跚中前进。在美国经济发展早期，政府对市场的影响非常小。在汉密尔顿任国家财政部部长时，美国于1791年在费城建立起第一个中央银行——合众国银行，但是这家中央银行在20年后就消失了。在汉密尔顿离开政治舞台后，由于美国总统杰斐逊的反对，第二家中央银行消失。杰斐逊主义者对市场不闻不问、放任自流的理念占领了主导地位，竟长达100多年之久。

在这长达100多年的时间里，美国资本主义的发展基本上处于市场缺乏监管、政府无所作为、投机盛行、交易所各自为战的状态。这就像一个没有警察的社会，人们甚至可能在停车场里相互杀戮。人们在这个时候并没有意识到，联邦政府应该对市场进行监管，而当时的纽约州政府和市政府都深陷在腐败的泥潭当中，大部分官员都很容易被金钱买通，这也就不可避免地会出现操纵市场的丑闻。

尽管市场自身有一定的自我修复能力，但显然这种力量是完全不够的。所以说，一部美国金融史，从某个角度看，也是一部金融操纵史。

●杜尔投机案

威廉·杜尔是纽约股票交易所创始人之一，也为以后华尔街股票交易所的发展奠定了基础。后来杜尔被任命为美国财政委员会的秘书，也是美国股市的第一位著名庄家，而且也是此后两百多年来股市操纵者的鼻祖。

杜尔先是经营了父亲的房地产，然后在美国独立战争时期被选入大陆会议。卸任之后，娶了一位身世显赫的将军的女儿，随后又被任命为国家财政委员会的秘书。正是这个职位，为杜尔提供了很多的内幕消息，而且他也充分发挥了这个职位的能力。

当时有传言说合众国银行要收购纽约银行，并且要把合众国银行变成其分行的时候，杜尔正在和另一个伙伴合作，别人出钱，他出消息。

他用合伙人的账户在市场上做多，又用自己的账户做空，再加上他的游说，纽约最有权势的家族也开始做空纽约银行。而就在合众国银行和纽约银行被热议的时候，又有几家银行宣布合并，纽约银行与纽约百万银行合并。这样的情况就导致了投资者疯狂抢购，股票的认购权证很快被卖到92美元。在这场投机热潮中，由于杜尔将股票操作计划公布于世，致使所有人都把目光放到了杜尔的身上。他的这一做法显然违背了股票操作保密的规则。与此同时，杜尔开始四处借钱购买股票，这便为股价上涨火上浇油。他开始向银行借款，向私人借款，和许多大人物签订投机协议，开始疯狂买进银行股。

当时将银行股卖给杜尔的人，有好几个都是纽约最有权势的家族会员，而他们想要看到的是股票的下跌而不是上涨。所以，为了使股价下跌，他们开始从银行中提取黄金和白银，以减少当地的货币供应，迫使银行收回贷款。也就是说，他们启动了新一轮的信用紧缩政策，使银行的利率飙升至日息1%。股价的大幅下跌使杜尔面临银行和有钱人的讨债，更严重的是财政部也对杜尔提起了诉讼，因为杜尔挪用公款23.8万美元进行股票交易。杜尔是纽约证券交易所创始人之一，这个消息的传出无疑给股票市场带来沉重的打击。随之而来的是市场恐慌，股票市场也随之崩溃。就在纽约这个小小的金融区，一天之内就有25起破产案，许多有钱人也在一夜之间变得一无所有。而杜尔的破产更是使其他人像多米诺骨牌一样随之倒下。

1790~1792年的杜尔投机案，使得杜尔债台高筑，而美国也陷入了第一次金融恐慌之中，这次事件几乎让美国金融崩溃。当时的财政部部长汉密尔顿为了应对这个恐慌，下令财政部购买了几十万美元的国债，这样才帮助市场恢复了流动性。

杜尔投机案让人们认识到公共管理条例的重要性。在那个时期，纽约市场上的交易量剧增，致使了场外交易的出现。人们不仅在交易所内进行交易，也在交易所外的路边进行交易。这样，在场外的经纪人就可以站在交易所的门口听场内的报价，以获得最新的信息，而不用交纳会员费。为了防止这种情况和恶性竞争的出现，经纪人希望制定出公共管理条例，规范金融体系，将约束机制掌握在自我手中，同时平息由于杜尔投机事件而引起的公众的情绪愤怒。

●《梧桐树协议》

当年的荷兰人为了阻挡英国人的攻击，在纽约市曼哈顿岛附近南端建起了被后人称为华尔街的“墙”。1792 年 5 月 17 日，24 个经纪人聚集在华尔街 68 号前的一棵梧桐树下，签订了举世闻名的《梧桐树协议》。其主要内容为：

第一，只与在《梧桐树协议》上签字的经纪人进行有价证券的交易。

第二，收取不少于交易额 25% 的手续费。

第三，在交易中互惠互利。

《梧桐树协议》签订过程

所谓经纪人，是在美国资本主义初期的股市里最常见的股市从业人员，在那个时候，一切交易的操作都要靠经纪人手工来完成。伴随着美国殖民地经济的发展，华尔街开始逐步繁荣，证券交易中介商人们所汇集的咖啡馆也不断增加。由于当时并没有固定的集会场所，而美国在独立战争期间，树木大多用来生火，曼哈顿街道上树木贫乏，因而华尔街 68 号院这一尚存的梧桐树就格外引人注目，树阴下成了良好的集会场所。

在杜尔被捕一星期后，在《梧桐树协议》签署大约两个月之前，一批决心整合充满投机、秩序混乱的股票交易市场的经纪人于3月21日在克里宾馆集会。根据《美国政府公报》报道："商人和股票经纪人……任命了一个委员会，负责报告与商业交易运作模式有关的法律和法规，并研究他们的意见是否合适。"

这批经纪人共有24人，是当时交易量最大的经纪人。他们在市场混乱与竞争无序的情况下，于1792年5月17日聚集在一起，讨论起有价证券交易的条件和规则，组成了一个独立的、享有交易特权的有价证券交易联盟，并相互约定，签订了《梧桐树协议》。这个联盟也就是后来纽约证券交易所的雏形。

《梧桐树协议》的签订可以说是华尔街正式起步的标志，它的本质上是经纪人的价格联盟，具有中世纪行业协议的性质。协议规定24个签约者进行债券买卖时彼此间享有优惠，以统一、固定的比率提取佣金。

这24个签约者对外宣称，他们的联盟是一个自我管理的私营机构，并保证在与外界进行交易时做到诚实、守信用、能得到人们的信任。协议中的几条规定既确保了这些人的垄断地位，又确保了彼此之间不会打价格战。

其实，这个协议的签订也是为了避免当时纽约州一项法律的实施，当时，纽约州议会正在考虑取消与禁止买卖金融证券。

当天，这些人交易了手头的美利坚银行股票，这家银行就算纽约证券交易所的第一家上市公司。从此，会员专属和固定值最低佣金成为传统和定制，一直延续并影响着以后的交易活动，直到20世纪。

《梧桐树协议》在华尔街历史上的地位是不言而喻的，后人多以为它是一个倡导自由、设计交易所发展模式的协议。《梧桐树协议》签约者的行为，也正是所有市场开拓者们梦寐以求的目标：设置壁垒，将自己和其他人隔离开来，以便实现市场垄断；只有在方便可行的情况下，才允许其他人进入同一市场。或许这些人的初衷并不是想要起到后来如此巨大的影响，他们不会想到，当年他们即兴发挥的手势会在将来指挥着每天430亿美元的进进出出，会成为未来世界的经济图腾，也不会想到那张只为保护经纪人利益的协议，会在今后的资本主义市场中起到标志性的作用。

●华尔街兴起的启示

曾几何时，华尔街只是一条栽有梧桐树的泥泞小街，但是就在荷兰统治者建造的这面“墙”的后面的街道上，雨后春笋般地冒出了大量的为各种贸易交易服务的机构。自1792年华尔街正式起步至今，华尔街已经经历了200多年的风风雨雨，创造了一个又一个奇迹，最终从一条普普通通的小街发展成为世界金融中心。

从美国的西部开发到伊利运河的修建，从铁路的兴起到南北战争，在美国经济发展的每一个阶段，华尔街都一直在提供源源不断的资金，为美国经济的崛起立下了汗马功劳。可以说，华尔街的历史就是资本主义发展的活教材。在华尔街的历史演进过程中，出现了形形色色的人物，也有各种各样的曲折，这是任何一个伟大的变迁所必然经历的一个痛苦过程。

华尔街——美国经济发展的必然产物

华尔街可以说是为美国，甚至整个世界经济的发展起到了巨大的作用。最初，美国只是一个殖民地，只有一些进出口贸易，到19世纪末，美国却成为世界上最大的制造基地。这些都源于美国资本主义的发展，而华尔街就是美国资本主义发展史最清晰的演示。了解华尔街的历史，可以使人们对于美国是如何在200多年的时间里，从一个殖民地成为世界超级大国这一转变的历史原因增加认识。

从世界范围来看，资本市场的产生和发展是与社会化大生产紧密相连的。所以，华尔街的兴起是美国经济发展的必然产物。

如同所有世界历史的发展一样，华尔街一直经历着种种波折。华尔街处于并不能引起人们注意的地段，它显得是那么微不足道，完全不会被世界列强注意到。但是，纽约是北大西洋东海岸的一个天然良港，其得天独厚的地理优势为其今后成为世界的经济金融中心、成为世界上最繁华最奢靡的代名词奠定了坚实的基础。先天优厚的地理条件，以及美国的政治因素和技术进步，还包括某些纯粹的运气，这些都使得华尔街迅速成长起来。尽管艰难，华尔街最终从蹒跚起步到后来成为一个资本巨人出现在世界舞台上。

华尔街在不同的历史时期承担着不同的历史使命。在美国经济发展的过程中，它起到了一定的作用。它首先支撑了美国联邦政府在南北战争中的战争融资，而且推动了美国由铁路带来的第一次重工业化浪潮，也扩大了美国在两次世界大战中获得的巨大经济利益，从而实现了美国在20世纪80年代后向新经济成功转轨的进程。

历史的教训

美国的经济发展是一个不断试错的过程，起初的美国资本主义市场是完全处于自由状态的，这种“自由”状态是由于政府对于市场的不管不问造成的。在金融监管缺位的情形下，市场投机者的破坏力也是难以估量的，再加上杰斐逊主义者关闭了合众国银行，使得美国政府在长达150年的历史中，都没有调控货币政策的手段。而这也使得美国在历史上经历了比其他国家更为剧烈的经济震荡。汉密尔顿的一系列措施无疑是正处在彷徨期的美国经济的一剂良方，但是由于一些政敌的反对，汉密尔顿的这些措施有很多最终夭折。

由于华尔街缺乏一个健全的中央银行金融体系，所以就致使美国资本市场在很长一段时间内都处在一个自我演进、自我探索、自我修复的过程之中。在这个过程之中，就不可避免地会有很多股市甚至是金融体系的崩溃。而股市或金融体系的每一次崩溃，都会给经济带来沉重的打击，使得全社会为之付出高昂的成本。

华尔街从一条非常小的街道不断成长为美国商业中心。在成长的过程中，它犯过错误，也不断吸取教训，逐步增强自我约束，才一步一步占据了世界金融中心的位置。而华尔街给后人最大的历史教训就是一个国家要有一个强有力的中央银行，这样才能维护众人对市场的信心，减少股灾对经济的危害，而且所制定的规则有助于维护金融市场的秩序。

2. 华尔街与美国经济及社会的关系

●华尔街一经问世，就和美国经济、社会的发展交织在一起

随着美国西部金矿的发现、运河和铁路的兴建以及南北战争融资的需要，在19世纪华尔街的重要性越来越显著。就是在这样一个体现华尔街经济的时代，经纪人肆意操纵股票、官商狼狈为奸也成为19世纪

美国华尔街的重要特征，人们都把这里看作是冒险家的乐园。

华尔街与美国经济

美国本身是一个移民国家，没有什么资本原始积累，美国经济的发展主要靠的也是华尔街资本市场的融资。尤其是在南北战争时期，战争虽然给美国带来了巨大的灾难，但是同时它也带来了战争融资的巨大需求，并因此推动了美国资本市场的发展，也奠定了华尔街在世界上的地位。

1861 年美国南北战争爆发，而主要的原因就是农奴制度的废立。从当时的经济实力来看，南方绝对是要强于北方的，因为南方有很多的种植园，而北方仅有新兴的工业资本家。从一定程度上来讲，战争都是一件劳民伤财的事情，所以在南北战争的过程中，双方都耗费了大量的财力，都急需融资。此时南方的办法就是印钞票，然而最后的结果不但没有解决财务问题，还造成了通货膨胀，通货膨胀率竟然达到战前的 9000%。北方的办法就是发行国债，因为当时华尔街位于北方，所以北方就掌握了比较先进的经济文化。在此之前，国债的发行都是通过在华尔街找经纪商或者大型的金融机构，都是私下进行发行的。华尔街的一个年轻银行家库克认为通过在报纸上、在公开媒体上做广告，向普通老百姓发行债券所起的作用会更好。而他告诉老百姓说，买国债不仅是很好的投资，还是爱国的表现。通过这种购买国债的方法，他迅速地筹集了资金，也激发了全国的热情，并且北方筹集资金的速度也已远远超过了当时的军费消耗速度。而这样的做法也使得北方在与南方的战争中占据了主动，最后获得了胜利。这种发行国债的方式使华尔街成为一个非常繁荣的地方。1861～1865 年，即南北战争之间，美国的国债规模在短短的4年之内就增长了42倍，华尔街因此一跃成为仅次于伦敦的全球第二大资本市场。

第二个影响华尔街的就是其水运。19世纪初的美国开通运河。美国第一条运河是伊利运河，它连接美国的五大河区和纽约，于是美国中西部的产物都源源不断地输送到了纽约。伊利运河成功开凿，带给美国的经济效益是很大的甚至可以说是巨大的，这也在客观上使得纽约一举成为当时世界上最繁荣的新兴城市。随后，美国在全国各地也开始了大量运河的建造，这带来了华尔街上运河股票发行的热潮。而现在纽约港已成为北美洲最为繁忙的港口，1980年它的吞吐量达到1.6亿吨，多年来都在1亿吨以上，每年平均有4000多艘船舶进出。由于纽约位居美国大西洋的东北岸，邻近全球最繁忙的大西洋航线，再加上港口条件优越，又以伊利运河连接五大湖区，因此便奠定了纽约全球重要航运交通枢纽及欧美交通中心的地位。纽约港有两条主要航道：一条是哈德逊河口外南面的恩布娄斯航道，长16公里，宽610公尺，维护深度13.72公尺，从南方或东方进港的船舶经这条航道进入纽约湾，驶往各个港区。另一条是长岛海峡和东河，从北方进港的船舶经过这条航道。哈德逊河入海口的狭水道，水深30多米，东河水道大部分河段水深在18米以上，最深处近33公尺。港口不易淤积。

纵观美国水运的发展史，最初是由荷兰人建设，后为英国人经营。美国独立战争之后，纽约港进行大规模建设，由于自然条件优越，1800年便成为美国最大港口。1871年，纽约成为美国第一大港口城市。纽约港有16个主要港区：纽约市一侧10个，新泽西州一侧6个。全港深水码头线总长近70公里，有水深9.14米、12.80米的远洋船泊位400多个。纽约港水利条件的便利为华尔街的发展起到了重要的作用，也因此成为华尔街与外界联系的交通之一。

铁路是华尔街的重要交通系统，也是促使华尔街成为重要金融市场的条件之一。19 世纪初的美国经济发展动荡不定，其中发生了两件对华尔街影响最大的事，其一就是铁路的发展需要很大规模的融资。在美国发展早期，因为美国地域比较广阔，交通不方便，所以当时经济发展面临最大的一个问题就是如何解决交通运输的问题。由此，人们想到了修建铁路。1829 年，英国人斯蒂芬森在曼彻斯特和利物浦之间修建了人类第一条铁路，很快铁路传到了美国。1835 年的时候美国只有 1000 英里长的铁路，但是到 15 年之后的 1850 年，美国就有了 1 万英里铁路；再过 15 年，1865 年美国有了 3 万英里铁路。与此相对应，1835 年华尔街上只有 3 只铁路股票，1850 年的时候有了 38 只，到 1865 年的时候华尔街上竟然有 1/3 的股票都是铁路股票。也就是说在整个美国运河和铁路发展的过程中，华尔街为它们提供了源源不断的资金。所以美国经济发展的第一步，正是依靠了资本市场，在资本市场的支持下，美国这个地域广袤、交通不便的国家迅速整合成为一个统一的经济体，也使它具备了崛起的可能。

由于华尔街的发展，纽约在美国的地位也越来越重要，许多周边城市或者国家的人都会来到纽约寻求发展，甚至是上班。这就要求纽约要有发达的铁路系统。纽约地区有 14 条铁路线，其中 8 条可通往美国各地以及加拿大和墨西哥等。通过复杂的铁路、公路网，纽约居民得以更快速、更方便地往返于全国各座城市，而纽约便利的铁路系统使许多机构进驻到华尔街。

三大重要环节

19 世纪，美国经济迅速发展，其中经历了种种环节。第一个重要环节就是运河和铁路的修建。美国是一个地域辽阔的国家。在发展早期，由于交通不方便，给当时美国的发展带来了很多隐患。所以他们想要在经济上进一步发展，首先要解决的问题就是交通运输。这时，人们就想到了开凿运河，修建铁路。开凿运河和修建铁路在当时是很困难的事情，不说成本非常高，风险也是非常大的。19 世纪初期的美国，一般的家庭一年的收入顶多也就只有 1000 美元。当时修建 1 英里的运河就需要耗费大约 20000 美元。面对这么高成本的运河和铁路建造，如何去集合大量的资本，顺利建成运河和铁路对当时的美国人是一件非常困难和非常艰巨的任务。伟大的思想家马克思曾经评论过资本市场对于美国铁路和运河发展起的作用，他说："假如必须等到资本的积累增长到足够能够修建铁路的话，恐怕直到今天，世界上还没有铁路。相反呢，资本集中通过股份公司转瞬之间就把这个事情做成了。"

美国经济和社会发展上的第二个重要环节是南北战争。1861 年，南北战争发生。南北战争主要是美国南方各州和北方各州因为农奴制的废立的理念之争而引发的战争。从当时的经济实力来说，南方的实力强过北方，南方有很多富庶的棉花种植园主，而北方是新兴的工业资本家。战争最大的一个特点就是必须消耗大量资金。在这场大战中，南北双方都几乎是耗尽了财力，而且都急需融资。这时，双方就开始考虑解决这一融资紧缺的对策。南方首先是开始想尽一切办法去印钞票，直到最后出现通货膨胀，到战争末期，南方的通货膨胀率竟然达到了战前的 9000%。当时的北方，因为美国纽约已经有了华尔街，所以相对来说比南方掌握的经济文化先进得多，所以他们面对融资紧缺的问题，首先想到的一个办法就是发国债。国债的发行都是通过在华尔街找经纪商或者大型的金融机构私下里进行。当时华尔街上有位年轻的银行家库克，他提议了一个很好的办法，通过在报纸上、在公开媒体上做广告，向普通老百姓发行债券。当时的宣言是，买这些国债不仅是项很好的投资，也是热爱祖国的表现。就这样，通过这个方法，不仅迅速地筹集了全国的资金，而且也焕发了全国的热情。到战争末期，北方筹集资金的速度已经远远超过它当时所需要花费军费的速度。就这样，北方在与南方这场决定美国的未来走向和命运的南北之争中，占据了主动，最后获得了胜利。

重工业化就是美国历史上的第三个重要环节了。在19世纪最后的30年里，美国以飞快的速度完成了重工业化，所以化工、钢铁等一批行业也以极快的速度迅速崛起。大约是到了1900年的时候，美国的钢铁总产量已经超过了欧洲各国的总和。当时美国有名的一家钢铁公司——卡耐基钢铁公司的钢铁总量，已经大大超过了英国钢铁产量的总和。就是在美国钢铁迅速发展的这个时期，施瓦布出现了。他是一位年轻的实业家，他在华尔街向一些重要的人物发表演讲。他说如果大家能够把包括卡耐基在内的一部分钢铁公司整合在一起的话，那么就很有可能会实现更大的规模效应，到那时候美国的钢铁公司也会成为全球最有效率、最强大的钢铁公司。当时J. P. 摩根是华尔街的领军人物，他是华尔街历史上一位非常重要的人物。20世纪初，美国经济发生严重的金融危机，当时的美国没有中央银行，J. P. 摩根以个人名义担当了美国中央银行的角色。就是因为有了J. P. 摩根的出现，美国整个华尔街市场才得以顺利运营。当时J. P. 摩根听了施瓦布的这个演说之后深受启发，答应和他合作。施瓦布出面劝说卡耐基放弃他的钢铁公司。卡耐基在后来卖出了他的股权，他个人也就成为当时世界上最富有的人。J. P. 摩根主导了这次重组，这次重组的结果就是将一批美国的钢铁公司整合成为合众国钢铁公司。

3. 美国南北战争引发的经济繁荣

●美国历史上第二次资产阶级革命

1861 年 4 月 12 日，联邦军队为争夺南卡罗莱纳州的萨姆特要塞，致使内战爆发，也就是美国历史上著名的南北战争。在这次战争中，北方取胜，并确立了资产阶级在全国的统治地位，从而为美国的资本主义迅速发展扫清了障碍。

南北战争的爆发

美国南北战争又称美国内战，是南方种植园经济和北方资本主义经济产生矛盾而爆发的战争。南方种植园的发展需要很多奴隶，因此黑奴被大批地押送到南方。双方的目的分别不同，南方进行战争的主要目的是把奴隶制扩大到全国，而北方则在于维护联邦，恢复全国的统一。

在美国领土向西部扩张的过程中，在西部成立了新的州。但每当新州成立之际，就会引发关于奴隶存废的斗争。南方奴隶主企图把奴隶制度扩大到西部，主张把新州定为蓄奴州；而北方资产阶级则禁止奴隶制度，要求把新州定位为自由州。但是在最初，南方的奴隶主利用其在美国国会及政府中的统治地位，连续取得胜利，这激起了北方广大人民巨大的愤慨。到 19 世纪中叶，南方和北方之间的矛盾已经发展到了不可协调的地步，南部的奴隶制度严重阻碍了美国社会经济的发展，于是南北战争为争夺西部土地拉开了帷幕。到 1857 年，奴隶主又企图把奴隶制扩展到美国全部领土上去，从而导致了约翰·布朗起义。

内战的爆发是为了摆脱奴隶制度。当时的美国总统林肯发动了对南方的战争，最初，北方由于条件不利，接连失败。1862 年 9 月 22 日，林肯宣布了《解放黑人奴隶宣言》。宣言内容大致为：假如在 1863 年 1 月 1 日以前南方叛乱者放下武器，叛乱诸州的奴隶将从那一天起获得自由。这一宣言，使得南方成千上万的奴隶开始向北方逃亡。战争的局势发生了转折性的变化。林肯允许黑人参加战争，并且英国工人阶级也展开了支持北方的运动，迫使英国政府放弃了原来的干预计划。

南北战争以北方的胜利而结束，其最重要的胜利因素之一便是因为美国总统林肯所宣布的《解放黑人奴隶宣言》，这使得北方得到了许多农民、工人阶级的支持，为北方的胜利提供了有利的条件。

南北战争是美国历史上的第二次资产阶级革命，这次战争可谓是伤亡惨重，人数不下 60 万。但是它却使得美国公民的土地问题得到了较好的解决，在很大程度上开发了西部的荒地，使得西部成为工业中心。南北战争中北方的胜利既维护了国家的统一，又为美国资本主义的加速发展扫清了道路，可以说是更好地为美国跻身于世界强国之列奠定了基础。

战争后的经济繁荣

美国南北战争以北方的胜利而结束，确立了北方大资产阶级在全国的统治地位。从此，美国的资产阶级成为美国最主要的发展方向。南北战争结束后，《宅地法》加速了美国西部的开发，促进了农业资本主义发展中美国式道路的胜利。因此，在 19 世纪，美国一跃成为世界上最先进的工农业资本主义大国。在内战中，黑人被解放，他们完全脱离了南方奴隶主的控制和剥削，并且在政治上取得了公民权以及选举权。可以说美国内战在美国历史发展中起着重要的意义，它为美国划时代进步提供了条件，为美国资本主义的经济繁荣提供了基础。

这次战争为美国工业革命带来了军事上的巨大进步。在战争期间，双方使用的都是弹壳和后装填步枪作战，使用铁路和蒸汽船实现快速的兵力集结，这大大提高了工业的需要，使得工业生产效率高涨数倍。因此，借着美国内战，铁路业和蒸汽业也迅速崛起了一些大企业家。他们靠着战争的需要迅速起家。其中最为著名的便是铁路大王范德比尔特，他借助南北战争的形势，从航运转移到铁路行业，并成为当时的铁路大王。工业的崛起对美国经济的影响是深远的，美国的经济在此后迅速崛起，成为世界上最重要的资本主义强国。

美国南北战争后，经济迅速发展，其中最为重要的是工业，重工业的发展速度大大超过了轻工业。从轻、重工业产值增加的倍数来看，在第一次世界大战前，美国重工业产值增加了5倍，轻工业只增加了3倍。1860年，美国的轻工业包括面粉业、棉织业、木材加工工业等。到1900年，美国重工业开始崛起，其中钢铁、机械制造、木材加工一路领先，钢铁业和制造业分别跃居第一位和第三位。由于新兴工业的迅速发展，美国不断出现新兴的工业部门，并且得到了极其迅速的发展。

美国是靠农业起家的资本主义国家，所以美国政府在很早的时候就非常重视农业问题，南北战争以后，美国政府直接干预农业经济政策来促进农业的发展，这使得美国农业迅速发展。农业的快速发展奠定了工业化的坚实基础。此后，工业发展速度迅速超过了农业，19世纪最后30年，美国工业以年平均4.7%的速度增长，农业以3%的速度增长。到1884年，工业净产值第一次超过农业而占工农业净产值的53.4%，1899年已达到58.3%，工业成为美国经济中最主要的部门。

另外，美国的工业化迅速发展离不开资本主义，因为要实现工业化是需要进行大量的投资的，那么资金从哪里来呢？美国的资本主义就靠国内通过节约、储蓄和发行股票进行积聚资本，其中也有外国的大量资本进入。最多的是英国的资本，这些大量的资本迅速进入美国的铁路证券、土地、采矿和畜牧业方面。其中光证券行业，外国资本就占总投资的1/4。可以说资本市场在美国工业化发展上的力量是巨大的。其中在美国经济发展中，华尔街的作用也是巨大的，它在不同的历史阶段承担着不同的历史使命。南北战争中，华尔街担负着战争融资及铁路建设的重担，它是美国经济走向新兴不可缺少的一环，也使美国的资本市场成为世界上最强大的资本市场的中心。

4. 华尔街的黑色年代

●1929年美国股市大崩盘以及紧随而来的经济大萧条

1929~1933年，集中爆发在美国的经济危机是美国历史上一次空前严重的经济危机，使美国的经济陷入瘫痪的境地，同时欧洲的经济也进入“大萧条”时期。“大萧条”是对20世纪30年代大危机的一个特定称呼。

对于每个美国股民来说，都无法忘记1929年10月29日这个黑色的星期二。可以说1929年10月的最后10天集中了证券历史上一连串的重要的日子。1929年11月中旬，纽约证券交易所股票价格下降40%以上，证券持有人损失共计达260亿美元。股市的崩盘严重瓦解了金融制度，动摇了企业界的信心，阻碍了美国工业、农业发展，同时也减少了海外购买和投资，使国家的经济陷入了停滞不前甚至瘫痪的状态。

华尔街股市大崩盘

1929 年 10 月 24 日，这一天是股市灾难的开始，历史上称这一天为“黑色星期四”。纽约证券交易所股票价格雪崩似地跌落，人们歇斯底里地甩卖股票，整个交易所大厅里回荡着绝望的叫喊声。早晨证券交易所刚刚开市，股价就如决堤之水一发不可收拾，股民纷纷脱手股票，纽约证券交易所惨况空前——开市仅 30 分钟，就有 160 万股的抛压出现，几乎无一股票幸免下跌的命运，全天换手 1289.5 万股。当时纽约数家主要银行迅速组成“救市基金”，希望能够遏止股市的崩盘。连纽约证券交易所总裁理查德·韦尼也立即亲自购入股票，希望扭转局势，但独木难支，杯水车薪。1 天的时间内，小到贫穷的裁缝，大到腰缠万贯的富翁，都失去了自己全部的积蓄。

1929 年 10 月 25 日，时任美国总统胡佛发表文告表示，“美国的基本企业，即商品的生产与分配，是立足于健全和繁荣的基础之上的”，希望通过自己的文告来刺激新一轮的投资。但是，随着趋势的蔓延，几天之后，所有挽救股市的努力都没有任何作用了。10 月 28 日，《纽约时报》指数已经下跌 49 点，道·琼斯指数狂泻 38.33 点，日跌幅达 13%。这一天，不管是银行、证券交易所，还是美国当局都不再站出来做任何的努力了。1929 年 10 月 29 日，这是美国证券历史上最黑暗的一天。当天早晨 10 点钟纽约证券交易所刚刚开市，犹如雪花般的抛单就铺天盖地席卷而来，股民个个都在不计价格地抛售手中的股票，所有股票成了烫手的山芋，不计价格、不计成本，只要抛掉就好，经纪人被团团围住，交易大厅拥挤不堪，混乱一片。随之而来的就是道·琼斯指数一泻千里，至此，股价指数已从最高点386点跌至298点，跌幅达22%。就在这一天，美国钢铁公司的65万股股票以每股179美元出售，但是没有一个买主愿意买，于是其股价开始下跌。钢铁公司股价下跌之后，就像传染病一样，紧跟着一个又一个公司的股票也纷纷开始下跌，大崩盘终于无法阻挡。当天收市，股市创造了1641万股成交的历史最高纪录。那些攥在手中的股票成为废纸，那些一路直下的数字全无意义。一个煤炭公司的老板看着眼前指示板上不断下跌的数字，倒地身亡。很多富翁在这一天变成了一贫如洗的穷光蛋，有些出去游玩的富翁回来后发现自己已经身无分文。在这短短的几天内，跳楼的不只是股价。后来，历史上就将1929年10月29日称为“黑色星期二”。

1929年美国股市的崩盘，把繁荣的20世纪20年代扔进了一个天塌地陷的结局中。随着股市的崩溃，投资者的信心受到非常大的打击，企业筹资也变得更加困难了，经济的发展在很大程度上受到限制。同时，在此期间，很多投资者几乎已经身处破产的边境，根本无法清偿原有的贷款，再加上农业的歉收，农场主破产，引发了大规模的银行“挤兑”事件。美国各大银行的大量证券投资成为失去任何价值的一张废纸，导致美国银行业资产疯狂贬值。在挤兑之风盛行的情况下，大量银行纷纷倒闭。银行的大量倒闭，导致货币大量消失，从而使企业融资更加困难，经济就这样走进了“螺旋式”的下滑轨道。

●股市进一步下跌，管理边际交易新规则出台

1929年，随着华尔街股市的崩盘，一场空前严重的经济危机席卷了整个美国，随即开始向周围蔓延，迅速将灾难的大火烧到了整个资本主义世界。

1929年10月29日之后，很多西方银行家、政治家、企业家和经济

学家都没有意识到问题的严重性，甚至还有不少人认为这只是心理恐慌造成的，他们相信股票市场很快就会恢复到之前的状态。美国财政部部长安德鲁·梅隆也一再表示，股票市场的毛病不久将会治愈，重新走上轨道。但正如马克思所说，“资本主义周期性的危机不可避免”。专家的预测和政府官员的保证此时都在事实面前变得不堪一击。美国股票市场的崩溃就犹如一座爆发的火山，势不可当。

《斯姆特—霍利关税法》

西方很多国家经济的发展和稳定，在很大程度上都依靠美国的资金流入和向美国的商品输出，但是随着美国股票市场的崩溃，美国经济全面陷入毁灭性的灾难之中，这些国家也随即失去美国的资金和市场，跟着卷入了经济危机。接着，受到波及的西方工业国又把经济危机扩散到殖民地、半殖民地国家。美国工业、农业、商业等旷日持久的危机，终于导致了金融大混乱。纽约股市崩盘触发金融危机，美国国会将其归罪于国际贸易，于1930年6月17日通过了臭名昭著的《斯姆特—霍利关税法》，并由胡佛总统宣布签署成为法律。美国国会通过这个法案把进口货物的关税提高了60%，而在该法案通过之后，其他国家对此纷纷采取报复性措施，也提高了关税，使美国的进口额和出口额都骤降50%以上。大幅提高超过2万种外国商品的进口关税，将2000多种进口商品关税提升到历史最高水平，概括地说，使得美国对工业和农业进口产品征收的税额上升了1倍，结果引发各国之间的贸易战争，加剧了世界经济大萧条。它的消极作用也影响到了农业生产。它所带来的出口减少给农业部门带来了致命的打击。这被认为是1929年股市狂跌之后最糟糕的经济事件。当时在美国，有1028名经济学家在《纽约时报》

上发表联名信，签署了一项请愿书抵制该法案，要求国会和总统胡佛拒绝该项法案。他们声称，增加限制性关税总体上会导致国内的物价水平提高。但是这一警告无论是国会还是总统都没听进去，他们也未能阻止这项法案的通过。当时胡佛对反对声充耳不闻还有一个原因就是，1928年胡佛竞选总统时曾经将“提高农产品的进口关税以帮助受困农民”作为他的众多竞选承诺之一。

美国股市在1929年10月29日崩盘之后，6个月内呈现逐步回升的状态，但是却随着《斯姆特—霍利关税法》的通过，于1930年4月再度调头下跌。一些经济学家认为，《斯姆特—霍利关税法》是导致美欧之间贸易规模从1929年的历史高位急速衰退到1932年历史低位的催化剂。这一税则沉重打击了美国的出口工业。美国商业伙伴的产品被挡在了美国的大门之外，他们不可避免地采取报复措施。此时不仅仅是美国与其他国家之间的贸易壁垒战，而是一场各国竞相效尤美国、纷纷以邻为壑的世界混战。美国的这一步棋走得大错特错，可谓搬起石头砸自己的脚。因为正是在《斯姆特—霍利关税法》通过之后，美国经济正式进入严寒的冬季。1930年6月，短短的两个交易日内，道·琼斯工业股票平均价格指数就从250点下跌到230点，跌幅达8%之多，这都是《斯姆特—霍利关税法》直接导致的结果。《斯姆特—霍利关税法》被后世学者称为“最大的错误”。当时，汽车大王亨利·福特将这项法案称为“一项经济上的愚蠢之举”，他曾在白宫花费整晚的时间来试图说服总统胡佛否决这项法案，但是最终还是以失败而告终。这种“以邻为壑”的政策导致了全球经济的衰退，各国之间的贸易战后果十分严重。1931年12月，曾经在20世纪20年代率先降税的美国财政部部长安德鲁·梅隆，突然来了一个巨大的转变，开始大规模地提高征税。面对安德鲁·梅隆的行为，国会和总统言听计从，结果就是灾难性的1932年《税收法案》。在和平时期把税收提高到如此程度，在美国历史上还是绝无仅有的。所得税率急剧增加，对收入最高者征收的附加税从25%上升到了63%。在最需要私人投资的时候，美国政府却让私人投资失去了该有的效力。据美国政府统计，1932年，美国从欧洲进口总值从1929年的13.34亿美元下降为3.9亿美元；同期美国向欧洲出口总值从1929年的23.41亿美元下降为7.84亿美元。1929~1934年间，世界贸易规模萎缩了约66%。很多经济学家认为，正是由于美国在危机之初挑起的贸易战，所以才直接导致世界经济陷入大萧条长达10年之久。在此期间筑起的贸易壁垒，后来国际社会整整花费了10年的时间才逐步拆除。

各国在经济危机的冲击下，都急于从各国自身的利益出发，而置整个世界经济于不顾。大家纷纷在危机中采取损人利己的自保政策，贸易之间的摩擦渐渐转化为军事对抗。后来，很多国家被逼走上了战争的道路，随即第二次世界大战爆发，给世界人民带来了巨大的灾难。

5. 20世纪60年代末华尔街的变革风潮

●掀起变革风潮

20世纪60年代，华尔街在强劲的市场下重新振作，可是在与其传统天敌——联邦政府的斗争过程中，华尔街的整体实力还是有所下降。约翰逊和尼克松政府奉行的反垄断政策表明，金融和工业并没有摆脱束缚，经济权力的集中和反竞争行为依然被严格监管。在美国工业转型期，华尔街一直扮演着融资者的角色。华尔街和商业界又成为这场运动的领跑者，而联邦政府则在一旁虎视眈眈，随时进行干预。

也就在此时华尔街掀起一股变革风潮。20 世纪五六十年代是乐观主义的年代，随着牛市渐渐退去，悲观主义阴影开始出现。牛市时期给人印象最深的可能是那些欺诈和丑闻，但是从杜鲁门时代起，华尔街的面貌就发生了巨大的变化。投资银行业、证券销售业的竞争已经成长得相当成熟，越来越多的人加入投资大军中。但更为重要的是，市场的波动也越来越明显，股市对外界的影响也日益敏感。

从此以后的 10 年里，市场收到了更多令人沮丧的消息。同时，由于通讯技术的飞速发展，整个世界变得越来越小，国际性的消息得到了畅通而迅速的传递。因美国市场一直处于一种相对比较独立的状态，所以，国外市场的发展令华尔街感到了不安。第二次世界大战以来，前苏联人造卫星的上天对市场产生了巨大的影响，而其他国家大大小小的经济事件却被华尔街忽略了。除冷战以外，国外因素对美国金融几乎没有造成多大的影响。战后的华尔街也提出了响亮的口号："如果你在这里能得心应手，那么你就可以在任何地方挥洒自如。"

但是，正是一些国际因素侵蚀了美国的繁荣。华尔街自认为出于安全的考虑，那些外国人更愿意在美国投资。因为美国政局稳定，财政部也从没有拖欠过债务，美元可以自由兑换，不受任何限制。除了战争时期对敌对国家的投资进行控制以外，美国对待外国投资者的记录几乎是完美无瑕的，只有少数外国人因卷入丑闻而玷污了这一记录，但这仍然瑕不掩瑜。

●一些新的金融产品崭露头角

20 世纪 70 年代初，此时的华尔街没有人想到 10 年后会有什么变化，市场上的波动趋势到 1981 年达到顶峰。而从 60 年代末开始发生的通货膨胀致使利率上涨至美国历史上的最高水平，紧接着的是公众的不满和社会的不稳定，而自从经济大萧条后这些就没有再出现过。这些导致了美国在世界事务中的重要性越来越低。美元贬值、美国一系列对外政策的失误、石油生产国的崛起，使美国人感到了一种无助。但是，这也并不能说明美国将在金融界再也无所作为。

在美国，一些新的金融产品渐渐崭露头角，其中竟然有不少产品就连资深的华尔街人士也不熟悉。新的金融工具出现以规避股票和债券投资承担的风险。芝加哥商品期货市场开始尝试一些金融衍生工具，这些本来就是为保护传统金融产品而创造的。华尔街出现非股票和债券的另外的投资产品，这种衍生产品和传统产品的区别就像商品不同种类之间的差别一样。

一些外部原因造成了市场的波动，社会开始反省，不再盲从于领袖人物，这种盲从在艾森豪威尔和短期投机交易盛行的时代却一直存在着。越战期间，社会上不满情绪占主导地位，公众丧失了对现状的耐心。金融界也不具备应有的耐心，于是投资银行家开始设计工具，想帮助投资者适应新的环境，改变其在原地守株待兔的状态。

当华尔街着手应付疲软的市场和上升的利率时，美国的国际经济事务也开始出现问题。直至20世纪60年代中期，美元的价值一直不用过多担心，但是当德国马克和日元开始升值的时候，布雷顿森林体系内出现了货币恐慌。英镑开始走弱，遭遇贬值。美元仍是外汇市场体系的基础，但是财政收支平衡问题使它一直承受着巨大的压力。美元经过25年的统治后，预算赤字和利率的上升对其产生了负面作用。不久，不少人相信，美国正在试着达到英国早已实现多年的目标，那就是以美元贬值来解决一些更加重要的问题。

华尔街对此反应默然。美国统治着国际贸易，所以表面上并没有值得担心的事。当国内各种问题出现的时候，国际那头的事情就变得无足轻重，甚至可以忽略掉了。纽约证券交易所正面临着重新调整佣金率的压力，证券投资者保护基金刚刚在国会通过，华尔街上公司的数目还在减少，NASD 市场正在规模和影响力两方面持续增长。证券一级市场的萎缩和国债发行量的不断增加也是随之发生的问题。1971 年夏，问题终于爆发，出现了战后第三次美元危机，随后西方“十国集团”签订“史密森协议”，布雷顿森林体系的核心基本瓦解。

CHAPTER 2

第二章

威震华尔街的群雄

股市向来被人视为精英的聚集之地，而世界上的“金融圣地”华尔街则是衡量一个人智慧与胆识的决定性场所。从1921年到1929年，道·琼斯指数从68点低位涨到了381点，一度被视为财富机器的华尔街，吸引了全世界的眼球。于是，一个个投资大师在这里诞生，一幕幕投资故事在这里上演……

1. 史上最富有的守财奴——海蒂·格林的投资人生

●海蒂·格林的投资人生

经济危机过后，一些不利于自身发展的落后因素也被淘汰了出去，如落后的生产力，然后通过竞争进入新一轮的繁荣。此时铁路的发明带来了美国经济的飞跃，也极大地扩展了资本市场的规模和影响力；电报的产生则迅速确立了华尔街作为美国资本市场中心的地位；而1848年加利福尼亚金矿的发现带来了美国经济和华尔街新一轮的快速增长，纽约的人们过着销金蚀银的挥霍生活。海蒂·格林生长在这个时代，通过自身的努力在华尔街成就了自己的精彩人生，成为华尔街上唯一一个依靠自身能力取得成功的女性。

家庭造就格林的性格

豪兰家族是有名的望族，他们家族通过捕鲸获得了庞大的财富，而海蒂·格林的父亲曾经在他们那里工作，也依靠捕鲸发了家，于是在他去世后，海蒂·格林从他那里继承了一份庞大的家产。海蒂·格林成为一个富有的女性。

虽然海蒂·格林家庭富有，但是她却很少享受到来自家庭的温暖。她母亲患有严重的自闭症，总是将大部分的时间花在自我幽闭上，从来不考虑子女的生活，使格林一点也感受不到来自母亲的关爱；而他的父亲总是忙碌在外，对子女的教育也少有问及，只关注他的事业，关注他每天能够赚多少美元。在这样的家庭环境中成长，使格林对亲情看得非常地淡，甚至到了冷漠的地步。

冷漠的家庭使她无法享受亲情，金钱就成了她的精神寄托，她并没有享受自己继承过来的财富，而是接着在华尔街上成倍地放大了自己的财富。海蒂·格林非常具有投资思想，她是华尔街第一位先富起来的真正意义上的富婆。在她去世之时，她所拥有的财产已经跻身于全美国最富有的20人之列，即使到了今日，按照当时她所拥有的财产来换算，依然可以成为全美最富有的前几十人。

青睐优质股票收益丰厚

19世纪的美国是经济与危机并存的时代，由于资本主义自身的缺陷，不可避免地要发生经济大崩溃，但这些并不影响第二次工业革命的发展。在第二次工业革命所取得的成就上，美国经济的其他行业也在同步发展，并取得了辉煌的成就。

美国于1830年5月24日第一条铁路建成通车，全长21公里，从巴尔的摩至埃利州科特，从此美国迎来了一个“铁路时代”。随着交通运输业的发展，在19世纪50年代，美国开始认识到横贯大陆交通的重要性。1862年，国会决定拨出公地和提供贷款，让联合太平洋铁路公司和中央太平洋铁路公司负责这一事业。随后，前者从奥马哈向西，后者从萨克拉门托向东修筑铁路，最后终于在1869年5月，在犹他州的朴罗特利城合轨。第一条横贯东西长达2800多公里的铁路将太平洋与大西洋连接在一起，从此，美国的东部和西部的经济连接到了一起，形成了一个完善的经济链条，美国的经济开始以铁路方式加速推进。与此同时，在西部还修建了许多与之相连的铁路支线，形成了一个巨大的铁路交通网。美国铁路建筑长度以平均每5年翻一番的速度发展。到1880年美国已建成铁路达15万多公里，而当时整个欧洲铁路的总长度才近17万公里。至19世纪末，又修建了5条横贯大陆的铁路干线。这个交通网将西部和东部连接在了一起，因而为全国形成一个统一的市场打下了基础。交通业的发展需要大量资金的注入，国家采用多种方式来融资，以这种方式缓解经济上的投资，因而，交通业的发展同时带动了美国经济其他行业的发展，尤其是金融投资业。

由于铁路业的发展带来了丰富的利润和回报，与运输相关的各种产业股票和证券吸引了众多股民的眼球；同时，电报热的产生也促进了金融业的发展。

在了解了如何发电报后，1840年萨密尔·摩斯向议会显示了电报的成效，美国人迅速陷入了电报热。在此后的10年之间，美国的电报线长度翻了10倍多，从原来的2000英里增加到后来的23000英里。由于人们的使用量有限，当时很多线路都是多余的。到了1849年，只有波士顿和纽约之间的3条线路有一定的使用量，其他线路都被洪水及恶劣的天气毁坏了，基本上已经陷入了瘫痪状态。由于竞争激烈，很多小电报公司承担不起高额的费用及技术有限，最终宣告倒闭。但是，得益于这些基础设施，美国的信息网络遍及全国。便宜的电报使一些发明被运用到实际操作中，比如全美新闻联合会的成立，使人们可以迅速了解到各地的相关信息，并且还可以通过西联汇款电汇现款，即时了解股票报价等等。

另外，在1848年，在加利福尼亚州首府萨克拉门托的下游西南处，也就是距旧金山137公里的地方，发现了当时最大的金矿，成为淘金者梦寐以求的地方，这些也带动了相关产业的发展。当时美国通过各种方法和手段，使其版图不断扩大，为铁路的延伸在客观上创造了条件。经济和市场的发展需要运输业的发展，铁路既是美国工业革命和技术发明的结果，也是促进美国工业革命、技术发明和现代化的重要因素。因此，美国对于铁路业的发展非常重视，从而在金融融资中成就了一批投资者，其中就有海蒂·格林。

海蒂·格林所处的时代正是从传统农业社会向现代工业社会转变的时期，而运输业的发展直接影响着一个国家工业化的程度和水平，美国的运输业与工业革命有着不可分割的互动关系，而在运输业中铁路企业占着重要的地位。铁路企业是在美国最早形成的大企业，它们是最早在纽约资本市场上筹集大量货币资金的私人企业，铁路企业的发展刺激着经济的发展，在经济发展中担当着重要角色。海蒂·格林正是看重了这一点，因此在股票投资方面总是偏重于这些能够给她带来丰厚收益的优质股票。正是这些成就了海蒂·格林辉煌的投资人生。

●华尔街最富的守财奴

如果你到坐落在美国纽约百老汇大街的银行去，经常会看到这样一幕奇怪的场景：在银行一个位置偏僻的办公室里，一个60岁左右的妇女默默地坐在那里，她的办公室直接对着窗口。这个妇女穿着打扮十分寒酸，一身黑裙子显得异常地肮脏和陈旧，黑色的布料中若隐若现中透着绿色，脏不可耐。而与她打交道的人，他们穿着体面、时尚，但是这些人却走近窗口与她谈话，频繁地与她进行着讨论，不时地交换着现金和文件。当她需要给对方现金时，总是利用办公桌作掩护，从自己裙子上开出的一个奇异而狭窄的洞中将现金掏出，此情此景在这样的一个地方发生实在显得特别。

这样一个毫不起眼的妇女却得到了银行职员的重视，令人奇怪。这个人不是别人，正是华尔街上有名的富婆，也是有名的守财奴——海蒂·格林。

像选菜一样“货比三家”选股票

华尔街这样一条朴实的街道却牵引着整个金融领域的脉搏，在这里，可以看到众生相，喜怒哀乐尽显其中；然而在这里，也先后登场了无数形形色色的成功人物，各自演绎了其多姿多彩的人生。他们中有的人开创了华尔街的新时代，唤回了华尔街久已缺失的诚信和社会责任感，这些人中的杰出代表是摩根；有的人却因吝啬和爱财如命而留名青史，如海蒂·格林，但是，这样一位彻头彻尾的守财奴却在股市的惊涛骇浪中游刃有余，在华尔街造就了她的财富。

海蒂·格林是一个实实在在的守财奴，其吝啬程度不亚于巴尔扎克笔下的葛朗台，只有过之而无不及。但这些并不妨碍她成为一个出色的投资者：她有一套独特的炒作股票的得胜法宝，她的投资方法客观上也帮助了社会资源的优化配置，为经济的发展带来了一定的好处。

海蒂·格林对她所持有的每一分钱都看得非常重要，不愿花它们中的任何一厘，只想拥有它们，享受金钱给她带来的愉悦，拒绝支付金钱时给自己带来的痛苦。虽然在对待金钱方面，海蒂·格林是个实实在在的吝啬者，但是她却是一个赚钱的天才，她在华尔街的金融浪潮之中总是游刃有余，赚得金钵满满。她在选择股票时，每次都经过深思熟虑才作决定，就好像是妇女进菜市场一样，将各家的价格比较来比较去，还要把影响菜价的各种因素考虑到其中，再决定是否值得自己去买。海蒂·格林曾经说："我从来不买工业股票，我喜欢铁路和房地产。在决定任何一项投资前，我会努力寻找关于这项投资的任何一点信息。赚钱其实没有多大的窍门，你需要做的就是低买高卖，你要节俭，要精明，还要持之以恒。"

为了妥善管理自己的资金，海蒂·格林穿梭在美国的街道上，不时地向了解华尔街股市行情的人咨询，还要与熟悉证券法律的律师交谈，付给他们咨询费。这些支出她勉强能够接受，因为她对此有深入的了解，知道这些能够回报给自己丰富的利益。

守财奴——海蒂·格林

说海蒂·格林是守财奴一点也不过分，她的吝啬已经到了令人发指的地步。格林差不多每天都要出现在纽约的银行里，每次来她都是乘坐公共汽车，除非是危及到她的巨额财产时，海蒂·格林可能才会选择坐计程车，就像她所在的银行破产时，她才会焦急地打车赶来。这次也不例外，海蒂·格林依然还是乘坐每天的交通工具，但是她的胳膊下却夹着20万美元的见票即付的债券，这债券相当于现金。接待她的银行家警告她不该如此冒险，应该乘坐安全性能较好的马车，然而海蒂·格林听后气愤地说道："马车？我坐不起。"

即使对自己最亲近的人，她也同样吝啬。一次，海蒂·格林的儿子尼德和朋友一起滑雪时不小心将膝盖骨摔伤，格林没有马上带着孩子到最近的医院去就诊，而是先从以前的破烂衣服中找出最差的衣服给孩子穿上，然后背着他到国家为穷人开设的免费诊所中看病。去了几次之后，她才发现给孩子看病的医生是自己认识的人，结果海蒂·格林就拒绝向其支付诊费，并且下次再也不去了。可想而知，最终尼德因为贻误了最佳治疗时期，留下了病根，在3年之后被锯掉了下肢，导致终身残疾。而在当时，海蒂·格林已经非常富有了，一年的收入就高达500万美元，但是她却吝啬于支付儿子的诊疗费。

海蒂·格林虽然是个吝啬鬼，但是她在华尔街取得的成就却是少有人能够比拟的，在这个金融浪潮中，海蒂·格林凭借自己的能力获得财富，她的理财才华有目共睹，虽然有时吝啬得令人不敢恭维，但是也正是她，唯恐自己的金钱打水漂的心态，在选择股票时非常细心，使她投资赢多负少。与讽刺她的人不同，赞扬她的人称她为“华尔街的女皇”。

海蒂·格林的吝啬和她的投资技巧在世人的脑海中同样留下了深刻的印象，也因此被后人所记住，是投资界少有的特别人物。

2. 华尔街股神——沃伦·巴菲特的投资人生

●巴菲特的投资策略

假如有两匹赛马，其中一匹叫“健壮”，过去战绩辉煌，为它的主人赢得不少的利益；另一匹叫“羸弱”，过去战绩平平，还使拥有它的人倒贴了许多金钱。此时正是流行性感冒高发的时间，恰好这两匹马都感染了，被迫休战一年，等待病好后再战。两匹马都处于休战状态，在本季度无法为它的主人带来任何收益。为了减少损失，不得已它们的主人只好将其出售，它们的售价都非常低。如果你是买家，你会选择哪一匹？

稍有点头脑的人都不难看出，最佳选择应该是“健壮”，因为你非常清楚它本是一匹强健的马，不仅能比“羸弱”恢复得更快、更好，而且日后还能赢得多场赛事，为你赚进丰厚的钞票。至于“羸弱”呢？本来就是一匹衰弱的马，即使休整了一年它恢复了，未来仍可能像它的名称一样，经常生病，无法参加比赛，还需要你倒贴大把的金钱养着。投资买股票正如买马一样，应该选好股票，然后集中全力，将全部的实力放在一个点上，这样才能有所收益，否则你的投资收益也会像“羸弱”一样——萎靡不振。

集中投资战略

自沃伦·巴菲特投身到股市的这50多年来，在股市中赚到了超过300亿美元的巨额资金。然而，他的成功之道并不是遵循华尔街的那些流行方法，而是独创出他自己的投资技巧，它们被世界喻为“巴菲特法则”。

沃伦·巴菲特作为一位投资家，他的“巴菲特法则”在其股票投资中大放异彩，这位被许多人认为是当今世界上最伟大的投资者通常讲话“轻声细语”、“极为务实”，且更像是“一位长者”。他天生自信，总是表现得非常从容，即使在股市中也是游刃有余。他在股市中的业绩和成就颇具传奇色彩，成为众人口中的炒股专家，成为大家追捧的对象。他的集中投资是其中一个重要方面，而这种投资方式看似极为寻常，但是平常的外表下却包罗万千，它是由一套复杂而彼此又相互关联的概念组成的。如果我们将这个方法认真研究，就会发现它的深度、内涵以及坚实的思想基础。

集中投资的精髓可以简要地概括为：选择少数几种能产生高于平均收益的股票，将你的大部分资本集中在这些股票上，在长期拉锯战中持有，不管股市短期跌升，坚持持股，在稳定中取胜。

在股市中打滚多年，沃伦·巴菲特总结出一套如何选择可以投资的公司的战略。他对公司的选择只是基于一个普通概念：如果一家公司经营有方，管理者智慧超群，它的内在价值将会逐步显示在它的股值上。有了这种认识后，巴菲特的大部分精力都用于分析潜在企业的经济状况上，在条件允许下也对企业的管理状况进行评估，而不是用于跟踪股价。沃伦·巴菲特用一套投资原理和基本原则去检验每一个投资机会，我们可以将这些称为是巴菲特在股市中翻云覆雨的工具，对于这些工具必须集中合并使用，这样才能分辨出哪些公司能为投资者带来最高的经济回报。沃伦·巴菲特的基本原则将会带你走进那些好的公司从而使你合情合理地进行集中证券投资。你将会选择长期业绩超群且管理层稳定的公司。这些公司在过去的稳定中求胜，在将来也定会产生高额业绩。这就是集中投资的核心：关注产生高于平均业绩的概率最高的几家公司，然后将你的投资集中在这上面。

集中投资的一大特点就是选定股票后，将金钱赌注于高概率事件上，“对你所做的每一笔投资，你都应当有勇气和信心将你净资产的10%以上投入此股”，因为每个股只占了你资产的10%，故而理想的投资组合应不超过10个股，也就是说你的资产不应过于分散，应集中到一起，这样才可能有大的收益。但集中投资并不是找出10家好股，然后将股本平摊这么简单的事。尽管在集中投资中所有的股都是高概率事件股，但总有些股不可避免地高于其他股，这就需要按比例分配投资股本。玩扑克赌博的人对这一技巧了如指掌：当知道牌局形势对自己绝对有利时，应加大资金，下大赌注，争取高回报。

沃伦·巴菲特对于集中投资非常擅长，在1963年购买美国运通股时，他就已经将此运用到了其中。20世纪五六十年代，巴菲特作为合伙人，当时服务于一家位于内布拉斯加州奥玛哈的有限投资合伙公司。巴菲特在瞄准了这个运通股、看准了它的后发市场后，当获利机会上升时，他使这个合伙企业加入了进来，将公司持有的股资大部分投入这个股票上。这个做法在当时其实也有些冒险，但是巴菲特相信自己的眼光，在进行了全面的分析后才进入的。到1963年巴菲特终于等到了自己的机会，由于提诺·德·安吉利牌色拉油丑闻，美国运通的股价从65美元直落到35美元。当时人们认为运通公司对成百万的伪造仓储发票负有责任，而巴菲特仍然有着自己的思维，没有追逐大流，而是将沃伦公司资产的40%共计1300万美元全部投在这个优秀股票上，占当时运通股的5%。在其后的2年里，运通股连续翻了三番，巴菲特所在的合伙公司赚走了2000万美元的利润。

集中投资是一个简单的概念。但能否将此运用好就是一门学问了。

根据集中投资原理，选择几家投资回报率高于一般水平的公司，并且相信这些公司有很高的成功概率，能继续将以往优秀的业绩保持到未来，并且有可能会有上升的空间。将你的投资基金按比例分配，将大头押在概率最高的股上。只要股市行情没有变得很糟，保持股本原封不动持有，至少要持有5年（超过更好）。他人在因股市跌涨而激动万分时，要让自己在股价的波动中沉着应对，顺利过关。

●华尔街"股神"的误判

如果把2008年的石油价格绘成一条线的话，很显然是一条波动很大的大波浪线。石油的价格素来和金融市场息息相关，如今，金融市场遭遇冷冬，石油市场也已感受到刺骨寒意。石油输出国组织欧佩克在

2008年10月24日的石油减产声明中说，金融危机正在给全球经济带来显著的负面影响，经济滑坡严重抑制了全球原油需求，加剧了原油市场的供求失衡。

2008年10月石油价格持续下跌，就连欧佩克决定大幅减产也未能止住国际油价下跌势头。继上一个交易日盘中暴跌7%后，纽约商品交易所原油期货价格在10月27日持续下跌，收于每桶63.22美元，为从2007年7月至今的最低收盘价格。这个数字与2008年夏每桶147.27美元的历史高点相比，国际油价跌幅高达57%。

2008年，在全球金融危机的冲击下，全球的各个行业都受到强烈影响，“覆巢之下无完卵”，能源行业也不例外。金融危机的蔓延使国际石油价格飘忽不定，从而影响了投资领域，使股票行情瞬息万变，再聪明的人在股市中都难免会犯错误，面对百年一遇的金融海啸，即便是“股神”也神不起来了。

智者千虑，必有一失

沃伦·巴菲特是有史以来最成功、也是最受人尊敬的投资者。他那一贯善于搜寻被低估的公司的能力使他成为现今世界上最富有的人物之一。虽说我们很难对他的已有财产和过往记录提出异议，但是巴菲特方法并不是唯一也不总是最好的投资方法。

被投资者奉为“股神”的沃伦·巴菲特，每年都要向其所在的伯克希尔·哈撒韦公司股东致上一封信。在致股东的公开信中，沃伦·巴菲特承认，2008年自己犯下一些愚蠢错误并为自己犯的错误承担责任。

2008年是巴菲特最糟糕的投资年，是他任职伯克希尔·哈撒韦公司44年以来最糟糕的一年。巴菲特称在这一年里“最少犯了一个大错误和数个小错误”，影响了公司的营业收入，造成了公司的损失。从公司的账面来看，自巴菲特1965年接手以来，伯克希尔·哈撒韦公司只有在2001年和2008年出现账面价值下跌情况，其中2001年跌幅为6.2%，而在2008年第四季度伯克希尔·哈撒韦公司投资收益骤降96%，这意味着巴菲特在2008年的投资遭遇他掌舵以来最严重的冲击。

其中，巴菲特的投资亏损大部分源于远期金融衍生合约的账面损失。

此外，公司持有的前20大重仓股截至2008年年底总市值为519亿美元，其中19只股价在2008年下跌。第一大重仓股可口可乐公司股价全年下跌26%，美国运通公司跌64%，美国康菲石油公司下跌41%。

令巴菲特非常痛苦的一件事就是他没有预料到能源价格在2008年下半年会急剧下跌，而他在油价接近历史最高位的时候，增持了康菲石油公司的大量股票，造成公司的巨大损失。

在美国的市场上，2008年每日石油需求下降126万桶，创出10年来低点1941.9万桶，降幅为6%，而该降幅也创出了自1980年伊朗伊斯兰革命以来的最大降幅记录。此外，经修正后的2008年12月美国石油消费量为每日1919.9万桶，较上年同期下降152万桶，降幅为7.4%。这一切不利因素都没有影响巴菲特的决策，他依然看好美国的石油。

即使在一切不利的需求条件之下，美国原油也并没有走向萧条，其库存量也仍处于2008年之前的11年以来的最高水平。因此在如此缺乏上涨动力的条件下，美国能源库存的现状却给巴菲特带来了一些积极信号，他认为美国汽油消费状况要远好于原油市场，这也将激励炼厂在未来提高开工率，以消化过多的原油库存。这些信号促使巴菲特做出了他2008年最大的一个错误投资。

巴菲特在2007年年底开始思考下一轮的投资，当时伯克希尔·哈萨韦公司持有康菲石油公司的股票数量为1750万股。进入2008年后，巴菲特看好国际能源行业的发展前景而大量增持康菲石油公司股票。截至当年年底，伯克希尔·哈萨韦公司持有的康菲石油公司股票达到了8490万股。大量增持康菲石油公司股票，这是巴菲特2008年投资的“最大错误”。

投资大师偶尔也有“走眼”的时候。金融危机谁都无法避免，谁都可能犯错，关键是如何防止再犯同样的错误。每个人在巨大的市场面前都不是万能的，也没有任何一种投资方法是万灵的。在投资市场，关键的是要坚持基本原则，不能过分迷信投资家的投资技巧与方法。巴菲特误判了国际油价走势而投资失误，却也给了我们一个警醒：股市有风险，进市需谨慎。

3. 铁路大亨——范德比尔特的财富人生

●铁路巨头科尼利厄斯·范德比尔特

范德比尔特的财富人生可以说是奇迹的一生。在16岁那年他就发现了商机，并果断地向母亲借了100美金，开创了一个纽约湾的渡轮业务，仅几年时间，他的船只就扩展到了100余条。紧接着，他又投资了当时刚刚兴起的铁路工业，并在数年后一跃成为美国铁路业务的巨头。

航运挖掘第一桶金

1794 年范德比尔特在纽约斯坦顿岛出生。他的父亲不是一个有雄心的人，相反他的母亲在他幼年时对他的影响很大。他的父亲在斯坦顿岛上拥有一块农场，这个农场靠近纽约湾，范德比尔特最喜欢在父亲的农场上俯视纽约湾。范德比尔特从小就是个很强壮和活泼的男孩，在他 6 岁的时候，有一次他和邻居家童奴发生争执，于是两人决定比赛。邻居家的童奴整整比他大了两岁，在比赛过程中范德比尔特差一点把自己辛辛苦苦喂养的马给淹死。在那个时代，种族歧视相当严重，但是范德比尔特却不是个势利的人，到他晚年的时候，他已经成了美国最富有的人，但是当他遇到这位童年时代的玩伴时，他还是很热情地邀请他并盛情款待他。

范德比尔特小的时候就非常渴望能有属于自己的事业。就在他 16 岁那年，这个愿望实现了。当时出现了在里士满港口出售帆驳船的现象，小范德比尔特看到了成就自己事业的机会。当时并没有蒸汽机的出现，所以出售的这种帆驳船是纽约港主要的运输工具。这种帆驳船是由荷兰人引进的，平底双桅杆最长可达 18 米，宽也足有 7 米，这样就完全有足够的空间来装载货物了。由于水浅，这种帆驳船是完全可以顺利运营的。

于是，范德比尔特就看到了商机，他便很自信地向他的母亲借了 100 美元作为购买帆驳船的费用。100 美元在 1810 年算得上是很大的一笔数目了，但是他的母亲还是愿意借给他，只是有个条件，这个条件很苛刻，那就是他的母亲要求他必须在他生日前把门前那块未经开垦的 3.2 公顷土地清理干净，并且还要犁好种上作物。这个条件在时间绝对足够的情况下来完成也不是件困难的事情，但是他的母亲在说这个要求时离范德比尔特的生日仅仅只有4周的时间了。聪明的范德比尔特没有放弃，而是组织邻居小孩及时地完成了这个任务。

就是在这种情况下，范德比尔特第一次顺利地把自己的生意做成了，并且他很快就赚到了很多钱，不但把借母亲的100美元还给了她，而且还多给了她100美元。在他晚年时回忆这件事情时，他说道："当我在60年前的5月里那个明亮的早晨，第一次踏上自己的帆驳船，升起帆，把手放在舵柄上的时候，我有一种真正的满足感，这种满足感甚至比我后来在哈勒姆区港口赚200万美元时还要强烈。"

投身铁路，成为铁路巨头

范德比尔特的职业生涯是从在斯坦顿岛和曼哈顿之间运送旅客开始的，很快他就成为这个港口公认的最可靠的船长。他用了短短几年的时间，就使业务量猛增，航线也不断增加，船只也由于业务量的增加而逐渐扩展到了100余条。但是，面对眼前这么优异的成绩，他没有就此停止，而是继续投资了当时刚刚兴起的铁路工业。大约50年后，他一跃成为美国铁路业的最大巨头。

范德比尔特虽然很聪明，但是他却从来都不喜欢那些抽象的理论，最使他厌恶的就是那些18、19世纪之交十分常见的生搬硬套、死记硬背的教育模式。他在学校整整学了6年，远远超过大多数同龄人在学校的时间，但他还是不能掌握繁琐的英语语法和单词拼写。后来他更是以多次严厉批判这种生搬硬套、死记硬背的教育模式而闻名。

科尼利厄斯·范德比尔特在当时的美国是著名的铁路业的"王中王"，他主要从事船运业和铁路建筑等，算得上是世界上最富有的白手起家的人。他在世的时候住在华盛顿区很繁华的市中心里，但是房子却很一般，他将属于自己的第五街留给他的子孙们。在他去世时积累了1.05亿美元的财富。在他临死之前，为了使自己被更多的人记住，他还为自己准备了巨大的纪念碑，建筑物的山墙有30英尺高、150英尺长，上面满是对自己的描述，用了高级的浮雕，说明了范德比尔特在船舶公司和铁路公司的工作经历。这些都位于他的船队队长的中央雕像的两侧，雕像整整高12英尺，重为4吨。这个纪念碑是用10万磅铜来镌刻的。今天，只有中央雕像幸存了下来，放置在中央火车站的前面。

4. 华尔街的"牛贩子"——丹尼尔·德鲁

●丹尼尔·德鲁：赢在心理战术上

他是19世纪美国股市最为著名的玩家，他是一个在股市中名声不佳的人物。他入行时手中仅有100美元，但是最终他却凭着这100美元赚了300亿美元。他出生贫穷，土得掉渣，但是没有人怀疑他的智慧和他在投资行业的天才。他是一个彻头彻尾的务实派，对他来说，金钱才是永恒的交易。

贫穷触发赚钱的欲望

1797年丹尼尔·德鲁出生了，他出生在一个山区很贫瘠的农场里，这个牧场当时位于达切斯县（Dutchess County）的南部，距离美国纽约有60英里，中间大约需要一天的路程。就是这个优越的条件使得日后丹尼尔·德鲁买卖牲畜、投机股票都有着先天的便利。由于丹尼尔·德鲁当时家境贫寒，所以他并有接受很多的教育，他仅仅只是会读、写和掌握了基本的算术。在他的家庭中，母亲是信奉基督教的教徒，并且一直都特别想把自己的儿子教育成清教徒——那种能忍受地狱般磨难的基督教徒，所以丹尼尔·德鲁也深受感染，一生都深深信奉基督教，习惯苦行僧般的生活，后来还创办了一个神学院，并出资建造了几座教堂，但是这些并没有让他的宗教信仰同商业行为完全分开。

由于他出生贫苦，所以在他眼里赚钱才是最重要的。他不论身处什么环境，都会拼命地抓住每一个赚钱的机会；他为人狡诈，并且很会暗地里做手脚；最严重的是他从来都不守信，就因为这个，他的同伴都害怕他随时背信弃义撕毁协议；虽然他知识不多，文化不高，也并不识几个字，但是却天生能用心理学知识暗示他人盲从跟风以达到操纵股票的目的；他初进交易所时，看起来土得掉渣，但不久就没有人敢怀疑他的智慧了。

人生的第一个100美元

在丹尼尔·德鲁还只是孩子的时候，他就到当地的一家马戏团打工赚钱。就是这么一个马戏团，让小小的德鲁学到了很多的生存技能和做生意大展身手招揽顾客的招数。他的父亲在英美战争爆发后去世了。那时的德鲁也仅仅只有14岁。当时政府规定，如果应征入伍的话，每个人将会得到100美元作为奖金。为了这100美元，年仅14岁的德鲁报名成了一名民兵。很幸运的是，英军并没有选择攻打当时防守坚固的纽约城，所以小德鲁也避免了这场战争。但是，14岁的他却真正获得了那100美元。就是这100美元成了他最后成功的基础，他用这100美元的“母鸡”，源源不断地为他生出了300亿美元的“蛋”！

从“注水牲畜”到“掺水股”

德鲁作为一名商人，最善于的就是盘算，他为人极度精明，在生意上他精明的头脑是他成功的关键。当时在华尔街上流行的“掺水股”一词就是由精明的德鲁引起的。最初，德鲁做的是贩卖牲畜的买卖，他的任务就是在当地的农场里买到牲畜，然后把它们转运到纽约市再卖给屠夫，他从中赚取利润。就是在这样的生意里，德鲁用他的“小聪明”开始从中作假。

有一次，德鲁把购买到的牲畜卖了以后在回去的路上开始仔细琢磨怎样才能赚更多的钱。他突然想到如果让牲畜喝很多水的话，这样就可以增加牲畜的体重，到时候重量上去了，相应的钱也会多起来的。于是，在准备卖掉牲畜的头一天晚上，他让牲畜吃了很多盐，但是就一直不给它们喝水。在第二天去纽约集市的路上经过一条小溪时，渴极了的牲口一头扎进小溪狂喝起来，每头牲口都喝了几加仑的水，体重也立刻加重了不少，然后德鲁把它们赶到纽约，在那里把它们按斤论两地卖给了屠夫，这样德鲁从中大赚一笔。德鲁在最后的生意中稳步扩大了他的牲畜贩卖生意，一直到19世纪20年代的时候，他一次贩卖牲畜数量达到了2000头，而每贩卖一头牲畜可以赚取12美元的利润。1829年，德鲁用他积累下来的钱购买了现在位于纽约市第3大道和第26大街交叉口的牛头旅馆。当时那里还是纽约的北郊，一直是纽约市的牲畜交易中心。后来，德鲁又将“注水”方法用于增发股票，即面值增加而实值未按比例增加，逐渐地，产生了“掺水股”。“掺水股”就逐渐被大多数人运用起来。

金钱才是永恒的交易

德鲁的生意越做越大，所以华尔街也成了他经常光顾的地方。他就像快递服务公司，经常在纽约的郊区和市中心之间为别人递送证券和票据。华尔街的繁华和生意上大笔的赚头立刻吸引了德鲁，他的天性注定使他不会看着眼前的肥肉而无动于衷的。于是，他就开始频繁地出入当时简陋的交易所。虽然德鲁的穿着和谈吐都很土，笑起来像母鸡刚下蛋的“喔喔”声，但是在短短的时间内就完全没有人再怀疑他的智慧和创新能力了。

德鲁到最后被众多的人记住，最主要的还是他的使奸耍滑。德鲁在一次坐庄操纵“澳什科什”铁路股票的时候，不幸被严重套牢了，大量的股票积压在德鲁的手里，因此他遭到了华尔街上同行的嘲笑，以为这一次丹尼尔真的完蛋了。但是德鲁耍了个诡计。在一个炎热的夏天，他走进纽约市最有名的绅士俱乐部——联邦俱乐部。他好像在很急切地寻找什么人，看起来也似乎很生气，天气很热，他好几次从口袋里掏出大手帕来擦汗。他装作不经意地从口袋里掉下一张纸片来，纸片轻轻地飘落到一个年轻人的身边。这个年轻人在德鲁还没有发现的时候，把纸条踏在脚下。在德鲁离开俱乐部后，俱乐部其他在场的经纪人就立刻打开了那张纸片，上面写着：“不论在什么价位，你能买到多少奥什科什股票就买多少。”其实当时奥什科什是家铁路公司，在当时被认为严重高估，股价将会马上下跌。但是，德鲁却用这个招数赢得了自己的利益。

这些捡到纸条的经纪人就开始猜测了，德鲁肯定知道一些他们所不知道的关于奥什科什公司的内幕消息，因此他们以为自己得到了一个发财的机会，于是他们就开始联合购买了30000股奥什科什股票。他们非常小心地从那些德鲁从没有用过的经纪人手里购买这些股票。但是，他们却不知道此时的这些德鲁没有用过的经纪人也正在为德鲁工作。于是，大家就开始疯狂地买进，使股价屡创新高。此时的德鲁便开始做空，从中大大赚了一笔。直到最后，股票的价格以每天12个点的速度狂跌。由于这只铁路股票上蹿下跳之剧烈，所以被称为“华尔街上的荡妇”。

德鲁的经营成绩已经越来越好，他在1836年的时候，成立了德鲁—罗宾逊经纪公司，在1839年时就卖掉了牛头旅馆，从此开始专心致志地参与到买卖股票这场大游戏之中，并将其作为自己的终身职业。一直到19世纪50年代，他已经成为华尔街最主要的玩家之一。这时，美国经济也陷入了困惑中。

他曾经说过：“一个门外汉做投机生意，犹如试图在黑暗中驱赶一群黑猪。”此言足以引起每一个股市投资者的深思。

5. 华尔街的恶魔天才——古尔德

●在世人眼里，这个投资天才一直是阴险、狡诈的代名词

1869年，杰伊·古尔德与菲斯科联手狙击黄金市场，引发了有名的“黑色星期五”，这件事使得许多投资者倾家荡产，一时间金融界产生了前所未有的大恐慌。也因此，古尔德背上了美国金融界“恶棍”的称号，人们甚至把他看成专门从别人创造的商业价值中获利的华尔街机会主义吸血鬼。

“镀金时代”股票市场的操纵者

杰伊·古尔德被誉为“现代商业的创始人”，他控制着美国最大铁路之一的伊利铁路公司。他是19世纪美国铁路和电报系统无可争议的巨头。他曾经操纵了最著名的黄金市场投机案，制造了“黑色星期五”大恐慌。他创造的操纵市场、筹集资金、吞并竞争者的新手段，甚至成为如今金融市场标准的操作模式。可以说他是“镀金时代”独一无二的股票市场操纵者。不管外界对他的评论和争议怎样激烈，都不能否认古尔德在金融方面的天才，他是一位商界奇才，并且成功地将一个垂死的铁路公司变成了一架“印钞机”。

这个华尔街的恶魔天才，对华尔街的影响可谓是深远的，不论是关于华尔街的铁路，还是华尔街的电报系统、华尔街的股票市场，都会有关于古尔德的故事。他似乎无处不在，有投资有赢利的地方，总也少不了他的参与。在那个世纪，古尔德是金融街人人痛恨的人物，但也是不可缺少的人物，他的存在带给了华尔街金融市场更多的动荡和机遇。

跟同一时代的金融界大亨相比，古尔德得到的评价是远远不如洛克菲勒等人的，因为他天才的“投机才华”使得人们对他既佩服又害怕，当他把别人的金钱都席卷到自己的口袋时，他成为大家最痛恨的恶魔是毫无疑问的。也因此，人们对他的评价是惊人地统一：阴险、狡诈、贪婪、唯利是图。生活在“强盗资本家”时代的古尔德，在金融界曾经掀起了无数次的巨浪，导致了无数人的破产，但是在那个时代，无疑是胜者为王，败者为寇。在人们对他恨得咬牙切齿的时候，不免会想：同样的环境，他为什么能够在其中一次又一次地成功呢？为什么偏偏是他操纵华尔街的股票市场呢？在华尔街这个资本市场，无数的资本家都在为怎样能够获得更多的财富而绞尽脑汁，但是这些人都没有成功，或者是极少数成功了，或者有人在途中就折戟沉沙了。能够在金融界兴风作浪的人都拥有非一般的功力，而古尔德的身上无疑有这样的功力，正是他身上的“才华”使他能够在动荡的金融市场翻云覆雨。

他在华尔街创造了无数的奇迹，可以说他无愧于是当时最伟大的金融天才和商业天才，在他之后，华尔街几乎再也没有像他那样的金融天才出现了。他是一个注重细节的实业家，也是一个彻头彻尾的工作狂，他的创造性惊人，做事的动机和策略异常奇妙，令人眼花缭乱，他可谓是一名真正的战略家。他曾经站在金融界的最前端，站在最耀眼的位置，但是却因为他的位置而使众人对他有了无数的误解和负面攻击。

华尔街最著名的黄金操纵案

南美战争刚结束后的美国，市场存在着大量的投机机会，特别是黄金市场，当时只需要少量的保证金就可以购得大量的黄金，这使得买卖黄金成为高风险、高收益的投机活动。古尔德便计划大量囤积黄金，以期望买断纽约黄金市场，操纵黄金价格上升。当然这个计划是有一定风险的，那就是政府一旦干预，把国库储存的大量黄金流入市场，这时古尔德操纵黄金价格的计划就会落空。于是，古尔德千方百计通过当时总统格兰特的妹夫科尔宾结识了格兰特。

为了使格兰特帮助他实现这一计划，古尔德给了科尔宾一份面值150万美元的黄金合同。也就是说黄金只要上涨1美元，科尔宾就会不需要任何付出就可以坐收1.5万美元。科尔宾很乐意地收下了这笔馈赠。当时的纽约财政总管助理职位出现空缺，古尔德和科尔宾联合说服格兰特，让他任命听命于古尔德的菲斯科担任这一职位。这无疑又给古尔德的计划提供了一个重要的帮手，古尔德同样给他送了一笔份额不小的黄金账户。

当这些前奏都准备妥当后，古尔德和他的同伙便开始大量囤积黄金，在卖空的压力下，当时高达140美元的黄金价格开始下跌。对此古尔德采取的是继续增仓。他还让科尔宾写了一篇关于政府允许黄金价格自由上涨的声明发表在《纽约时报》上，以混淆人们的视听。当总统格兰特得知黄金市场的震动时，科尔宾又一次使总统相信政府不应该干预黄金的价格。因为格兰特对科尔宾的信任，财政部没有进行任何非常规的黄金出售。当然总统不知道，这一切其实都是古尔德一手策划的。此时，古尔德集团已经积累了价值9000万美元以上的黄金合同。只要政府不干预，这个数目便是纽约市场上黄金供应的数倍。此时，黄金价格开始疯狂上涨，那些不得不因此交纳更多保证金的卖空者感到万分痛苦。

在这种形势下，古尔德担心一些资金雄厚的人会影响财政部长的决定，使他下令出售国库中的黄金以降低黄金价格。于是，古尔德又让科尔宾给格兰特写了一封信，再一次阐述为什么要让市场决定黄金的价格。古尔德一直企图说服菲斯科积极地参与这个投机操作中，当然菲斯科一开始认为这个投机太危险了，当他确认包括总统也参与其中后，就立刻加入了。在古尔德的操作和菲斯科的大力煽动下，黄金已经涨到了有史以来的最高价150美元。

当格兰特意识到黄金市场的波动是古尔德在幕后操纵后，立刻写信给科尔宾，让他停止这次疯狂的投机活动。古尔德又用10万美元封住了科尔宾的嘴，使他不把这封信的内容透露出去，但是他明白该是退出的时候了。当菲斯科还在通过他的鼓动和公开购买行动来推动黄金价格上涨时，古尔德已经悄悄地售出了他手中的黄金。

在黄金交易室未开盘时，纽约的金融区就挤满了狂热的人群。他们开始变得绝望，眼睛机械地随着黄金价格的指针上下颤动。此时，几乎整个美国都陷入恐慌中。从波士顿到旧金山，商人们几乎停止了所有的商业活动，都聚集在黄金价格指示器前，但是他们却对黄金价格的疯狂上涨而无能为力。这可以说是华尔街有史以来最大的一次恐慌，华尔街似乎正面临着灭顶之灾，因为他们卖空了一种价格似乎正在无限上涨的商品。古尔德和他的同伙早已悄悄出货，但此时，他们还在制造着全力买进黄金的假象。

黄金恐慌仅仅是买方恐慌，因此对华尔街的影响并没有持续多久，随着政府的介入，很快就平复了。因为那天正好是星期五，所以这次黄金恐慌被称为“黑色星期五”。也正是古尔德所操纵的黄金投机事件，使得美国的金本位制得以更加地完善。但也因为这件事情，使得古尔德从此背上了“华尔街头号恶魔”的声名。

被误解的一生

提起古尔德，很多人想到的词汇便是“恶魔”、“吸血鬼”等，因为古尔德在华尔街金融市场的“成就”，使他成为媒体毫不客气的攻击对象。由于操纵黄金市场、制造了“黑色星期五”等恐怖事件，媒体对他的抨击更是不遗余力，可以说他的“恶魔”名声要感谢媒体的大力宣传。

在谈到美国近代金融历史时，古尔德是不可缺少的一位，但华尔街金融市场的头号“恶魔”这个称呼因媒体的大肆宣传而跟随了他一辈子，直到去世也没有得到正名。当他离开这个世界的时候，华尔街的很多人都欢欣鼓舞地庆祝他的离去，为华尔街少了这样一位“恶魔”而高兴。这样的局面也许是古尔德意料之中的，但是对于他而言这无疑是悲凉的，这一生也许他什么都有了，但是却唯独少了一个“好名声”。

其实生活中的古尔德并不像外界评论的那样冷血，他也许并不是一个慈善家，但是他却从未放弃过慈善事业。但是对于他的捐款，媒体也进行着挖苦和嘲弄。当媒体对他的慈善行动进行扭曲报道的时候，古尔德非常愤怒，但却无能为力，当他知道媒体不可能对他的行为有客观的评价时，便开始匿名捐款。也正是因为他的低调，使更多的人对他有更多的误解。这种误解整整伴随了他一生。1891 年 10 月，《纽约世界报》对古尔德的慈善行为这样写道：“此人做起好事来太低调了，以至于完全逃脱了公众的注意。对他来说，逃脱公众的注意是难以置信的，但是无论付出多少金钱和实物，都无法让他赢得大家的尊重或激励后人。”

他的好朋友在接受记者采访时说了这样一句话：“我发现在谈到美国近代金融历史时，古尔德总被认为是头号恶魔，这一点很有讽刺意味；如果古尔德是罪人，那么谁又是圣人呢?”这句话让记者和在场的所有人都沉默了。也许人们应该对这句话进行反思，在那个充满着竞争的年代，他能够在其中幸存下来并且占有一席之地，不正是因为他“恶魔”的本性吗？这也正是那个时代所需要的。或许，大家应该公正、客观地来评价这位金融界的一代枭雄，不论怎样，他所创下的成就都是无可比拟的。

6. 威震华尔街的华人四大高手

●李山泉：大器晚成的“财神”

历史上大器晚成的人大有人在，聪明的人不一定能够在所处的社会取得傲人的成就，相反的是那些智力一般的人，他们能够发愤图强，不畏智力和身体所限，制定自己的目标，勇往直前，最终反而比自己聪明的人取得的成就大。

华尔街的中国财神

在美国打拼的华人不少，但在华尔街工作的华人并不多，尤其是在华尔街前10大基金公司中做到基金经理的就更是凤毛麟角、少之又少。李山泉算是知名度最高的一个，是华人金融圈中的翘楚，不但做到了基金经理，而且做到了董事总经理的高位；他还曾任中国旅美金融协会首任主席，经常为中美事务张罗。很难想像，这样的一个金领人士竟然35岁才入行，可谓是大器晚成者。

出生于20世纪50年代的李山泉22岁时遇到了人生道路上的第一个拐点。他在中国恢复了高考制度的第二年，经过了两个多月的复习，考入了中国人民大学国民经济计划管理专业。由于成绩优异、才能突出，毕业时被留校任教，后来他的毕业论文被当时来校视察的一位领导注意到，于是将他调到国务院研究中心综合局，从事国民经济综合问题的研究。他在国务院研究中心的综合局一呆就是5年，期间他先后接受过著名经济学家马宾和吴敬琏的直接领导，如果按照当时的情况发展下去，可能现在中国又会有一位活跃的经济学家。但是，李山泉的命运在此又发生了转变。1984年年底他陪领导出访了一次欧洲，这次欧洲之行刺激了李山泉，回来之后他发誓要学好英语。

经过刻苦的努力，李山泉的英语慢慢提高了，这时他有了一次到波士顿学习的机会。在为期一年的学习中，他最大的心愿就是将英语学好。然而到了波士顿之后还是与自己预期的有所不一样，当李山泉看到有一门发展经济学这门课时，觉得这个可能对发展中国的经济有用，于是就选择了这门课程，另外还选择了一些国际金融的课程。在进一步的学习过程中，李山泉发现在经济学中真正有价值的其实是金融，其中国际金融是最有用的，也最有实用价值，于是就将注意力转向了金融领域。此次学习为他以后所从事的工作奠定了基础。

在一年的学习期满后，李山泉回国，后又再度赴美，进入布兰德斯大学攻读国际金融和经济学。取得硕士学位时正是1989年，恰逢中国的敏感时期，于是李山泉继续留在美国，成为波士顿大学的博士生。在他读博的这段时间，一个好机会来到了李山泉的面前，同时也是一个巨大的挑战。华尔街一家金融资产管理公司请他去做投资管理的研究和实践，一个星期也只是去两天。不管是从赚钱的角度来看，还是从金融实践的角度来说，这对于李山泉来说都是一个极好的机会，但是这也同时意味着李山泉要放弃正在研修的博士学位，这是一个重大的决定，他一时拿不定主意。在犹豫阶段，他求助于他的太太，想和太太商量个结果。他的太太是个有魄力的人，思考过后，没有辜负他的厚望，对他说："即使拿到博士学位，你也不一定有这样的工作。"在太太的支持下，李山泉放弃了正在研读的博士学位，来到了世人梦寐以求的华尔街，成为美国阿凯典（Accadian）投资管理公司的一名小小雇员，开始他的“试水”投资管理。在李山泉正式进入金融领域的这一年，他已经35岁“高龄”了，这在人才辈出的华尔街算是另类。

在阿凯典（Accadian）投资管理公司，李山泉慢慢积累着自己的经验。1991年经人引荐，李山泉应聘到著名的老牌华尔街投资银行布朗兄弟公司投资战略部任高级分析师，近5年的全球经济战略研究为他日后从事基金经理工作打下了坚实的基础。在布朗兄弟公司，他迎来了自己事业的第一个高峰，开创了独特的动态投资分析法。此法着重于对股票预期和公司间相对变化两个要素的分析，结合基础分析、数量分析和技术分析的方法，使实际投资回报显著增加。同时在布朗兄弟公司，李山泉结识了他的“贵人”，也就是比尔·威力贝。比尔·威力贝给了李山泉非常大的帮助，当威力贝从布朗兄弟公司跳槽到奥本海默基金公司任全球部主任后不久，1995年11月，李山泉也被挖到奥本海默，并很快晋升为基金经理，在公司中担任重要之职。

奥本海默基金公司在世界上都是金融界有名的公司，如今是美国排位前5名的共同基金公司，管理着金融领域中的几十个基金，总额超过2000亿美元。李山泉负责该公司环球股票投资业务，最多时曾有过一人管理欧洲股票基金、国际小企业基金及黄金公司基金3只基金的记录。李山泉依据动态投资分析法，对亚洲金融危机作出准确预测，他主管的投资在股票市场瞬息万变和世界经济动荡的形势下，连续多年创造出令人刮目相看的高回报战绩。其中，欧洲股票基金和国际小企业基金这两个基金，当时被美国著名的评级公司LIPPER分别评为第五名和第一名，而他所在的全球部被评为“全球最佳基金团队”。这些都是李山泉努力的结果。

无论一个人的能力再强，他的精力都是有限的，为了集中做好手中的投资，李山泉将其他两种基金放弃，现在只全心负责公司的黄金基金，该基金规模在10亿美元左右。在李山泉的管理下，这个基金已连续10年被LIPPER评为前三名。

在投资领域想要永远保持挣钱的状态是不可能的，但是李山泉所管理的基金却有着良好的回报记录，在投资领域有着良好的口碑，媒体也总喜欢将其“神化”，甚至有人称他为“华尔街的中国财神”，一度受到许多人的追捧，尤其在网络世界中，这一称呼得到了网民的普遍认可。

也正因为李山泉的过人投资才能，他获得了以奥本海默公司前董事长名字命名的杰出贡献奖，而这个奖非常难得，在有着数千名金融从业人员的奥本海默公司，能够获得这个奖的人屈指可数，仅仅只有两三个而已，可谓是非常稀有。

目前，李山泉管理着庞大规模的黄金和特殊矿产基金，因为受到早年工作的影响，他一直对中国的经济发展十分关注，总是希望有朝一日能够为中国的经济发展出谋划策，尽自己一份微薄之力，替中国的老百姓理财。无奈工作所限，总是没有机会。

●黎彦修：翻云覆雨的对冲基金玩家

华尔街是世界上最顶尖的金融超级玩家云集之处。近20年来，一大批中国留学生在这里闯荡天下，有些人在这里最终被淘汰，有些人却在这里找到了自己的人生航标，向着自己的目标奋斗不止，其中就包括翻云覆雨的对冲玩家——黎彦修。

人生是一场战斗的过程，时而平稳顺利，时而坎坷残酷，谁也不能卜知自己的命运，要想前进，要想成功，自信是必备的。从华尔街一路走来，黎彦修总是坚信这一点。人，只有相信自己，才能实现自己的理想，黎彦修要在这个“世界金融中心”创立自己的一番事业，对自己的能力和实力非常自信。

自信的黎彦修

只要对对冲基金稍有了解的人，只要提到对冲基金，都有点“谈虎色变”的感觉。正是因为对冲基金的兴风作浪，让世人瞩目的“亚洲五小虎”差点变成了“五只病猫”。其实，对冲基金种类繁多，除了让人闻风丧胆的外汇对冲基金外，还有各种债券对冲基金等。炒作对冲基金的投资家并不是靠冲垮他国货币体系发大财，而是将精力专注于某一特定公司的运作，然后再进行买空卖空，从中大获其利。黎彦修在其业务范围内经营的就是可转化债券对冲基金，是对冲基金的一种。

交易员的收入是由业绩决定的，一线的交易让黎彦修的利润提成甚至超过了大公司的首席执行官，成为华尔街上少有的华人成功人士。

在黎彦修所在的美林公司，论职位，黎彦修已经相当于部门经理，这在华尔街的华人圈子里也能找出几位，但如把个人收入作为衡量成功的一个标志，黎彦修则是名副其实的成功者，他每年的利润提成已经令许多公司的首席执行官望尘莫及。

黎彦修在华尔街的成功关键是他的自信以及不甘落后的志向，而他的自信来自多年积累下来的扎实的数学、统计及金融理论功底。在1991年，黎彦修初到美林集团时还不是交易员，其主要任务就是做交易模型设计工作。而交易员们对这些身居二线的研究分析师们不以为然，甚至有些看不起，尤其是对于中国人，在他们的思想深处一直认为中国人不可能在华尔街有什么成就。记得黎彦修刚到美林集团时就曾被人讪笑过，开了一个令黎彦修终生难忘的玩笑。一位同事开玩笑地问黎彦修：“衣服干洗好了吗？”当时，许多华人在美国都是经营洗衣店和餐馆，在华尔街工作的华人少之又少，他们认为中国人也只适合做这些。黎彦修当时心中就想："你们这些人有什么了不起的，我是中国最好的学生，在美国读最好的学校，我的数理知识也是最好的，没有什么地方比你们差。只不过，我还没有机会坐在交易员的位置上，否则当我坐在上面时，一定会比你们干得更好。"黎彦修在华尔街经历的这一切刺激着他，于是，他暗下决心："我将来一定要做得比你好。"凭着自己的专业优势，其才能在金融衍生品交易方面逐渐显露出来，两年后黎彦修如愿以偿地坐上了交易员的席位。从此，他开始了在华尔街的奋斗之路。

交易员在所有的职务中虽然算不上什么，但是在以"造钱"为终极目标的华尔街，明星交易员有时可以获得千万美元的提成，可谓"利"高盖主，是非常赚钱的工作，也是许多人梦寐以求的职位。在美林多年的发展为黎彦修积累了丰富的投资交易经验，他在这方面的才能也逐渐表现出来。1996 年，黎彦修被多伦多的加拿大多明尼安银行美国证券公司看重，受聘于该银行，负责银行中的可转债投资。在这里，黎彦修再次验证了自己的实力，他管理的部门连续 6 年每年的业绩成长都在 20% 以上，按 15% 提成，黎彦修在此时已经是一名名副其实的有钱人。黎彦修在加拿大多明尼安银行不仅赢得了自己所要的知识和技能，同时也赢得了自己的财富，成为华尔街中少有的中国成功者。

独立创业的想法一直在黎彦修的脑中盘旋，但是一直没有机会和实力。2003 年 3 月，黎彦修觉得自己已经有了足够的实力在华尔街创下自己的事业时，他率领自己的原班人马离开了加拿大多明尼安银行，成立了前沿基金管理公司。创建的对冲基金公司 Fore Advisors 在曼哈顿公园大道沃尔道夫酒店对面一幢 43 层办公楼的顶层。办公室一面全是窗户，宽大明亮，一眼望过去是鳞次栉比的高楼和纽约湛蓝的天。就在这里，黎彦修开始了自己在华尔街创业的第一步。

黎彦修的公司起步基金为 3000 万美元，其中，黎彦修是控股大股东，对公司负有重要的职责。黎彦修在华尔街的成功完全是靠实力一步步走过来的，黎彦修曾经讲过："我们在美国没有特殊的关系，全靠每月的业绩吸引投资者。"业绩使得他们能够在竞争激烈的华尔街站稳脚跟。

黎彦修对对冲基金把握得非常精准，他的这种才能早在多明尼安银行工作时就体现出来。黎彦修在对冲基金的最大成功就是在十几年前的亚洲金融风暴中取得的。受亚洲金融风暴的影响，很多公司顷刻之间倒闭，许多非常优秀的公司被迫低价卖出，而黎彦修则乘机大量买进。就在那一年许多人输钱的时候，黎彦修却赚得金钵满满。那是黎彦修多年金融生涯中最快意的时候。

黎彦修希望前沿对冲基金公司起码能够存在 20 年以上。这个公司有自己独特的公司文化、投资哲学、投资程序和投资网络。黎彦修想通过自己的实例给华人的后来者一个启示，"华人在金融界也可以独立创业"，正是他的这份自信使他取得了今日的成就。

●楚钢："数"中自有黄金屋

曾经有一次，物理学家和工程师外出办事，于是共同乘着热气球出行，当他们开到大峡谷时迷失了方向。无奈之下，他们只能高声呼救："喂！我们在哪儿啊？"过了大约两分钟，他们听到了回荡在山谷中的声音："喂！你们在大峡谷里，距离地面有 10 千米左右，距离两边的峡壁有 500 米左右！"

听到这回音后，物理学家想想说："那个家伙一定是个数学家。"工程师非常疑惑，于是不解地问道："你怎么知道是个数学家？为什么呢？"物理学家说："因为他用了非常短的时间，给出了一个完全正确的数字答案。"

在现实生活中，数学家对身边存在的一切事物都非常敏感，比一般人考虑得细致、精确，能够迅速了解周围的环境，作出准确的判断，对于数字的了解，他们比一般人具有得天独厚的优势。

楚钢对数字也有着特殊的长处，能够在数字的变化之中了解到它们之间的规律，获得自己所需要的信息。

从数字中博得财富

华尔街——美国的金融中心，同时也是整个世界的金融中心。这里是许多人梦寐以求的地方，哪怕在这里仅仅做一名小小的职员，都会令他们感到脸上有光、欣慰不已。这里受到世界各国人士的关注，在这里你可以一夜富有，也可能片刻之间倾家荡产，曾经所拥有的一切成为过去。这里是天堂，也是地狱，但是依然有许多人蜂拥而至，活跃在这条街道上，追逐着自己的人生，楚钢就是其中的一员。

华尔街是一个残酷的世界，较之动物世界中的弱肉强食犹有过之而无不及，同时这里遵循着自然界的法则——优胜劣汰，只有真正拥有实力的人才能在这里站稳脚跟，成为这里的一员，但是也可能是朝不保夕，瞬间有可能发生颠覆的变化。在这个全球金融冒险家的乐园中，楚钢在其中游刃有余，在这里实现着自己的人生，丰富着自己的经验，积累着自身的财富。

华尔街上的华人非常少，尤其在其中真正取得优越成就的人更是少之又少，楚钢在这里之所以能够成功，与他过硬的数学基础离不开。与李山泉和黎彦修相比，楚钢的华尔街模式带有某种典型性。中国科技大学物理系毕业、美国东北大学理论物理学博士，进入华尔街从分析师到交易员再到基金经理直至董事总经理，他的每一步都是踏踏实实地在实践着自己的理论，同时他在华尔街的成长之路也是许多中国人在这里发展的缩影。

楚钢能够在华尔街玩转的原因，并不是他学的是理论基础，而是他在20年间打下了雄厚的数学基础，华尔街是一个离开数学模型根本玩不转的地方。由于美国资本市场正在寻求以技术手段作为主要的投资依据，以便取代仅凭主观判断市场的方式。华尔街是一个对数学痴迷的地方，它并没有因为1998年以数学分析著称的美国长期资本管理公司（LTCM）在俄罗斯金融危机中几近破产而发生改变，依然还在按照这种模式进行投资。因为“数学模型给比较感性的投资者一定的纪律”，能够在投资市场中分清时事。

华尔街这种从业背景造就了中国学子在华尔街无人能够撼动的地位，统计资料显示，在华尔街的金融领域中，华人绝大部分是物理、力学、数学、统计等学科出身，这些专业使他们能够在华尔街发展得更好。楚钢就是其中的一员，并且是其中的佼佼者，是他们中成功的典范。

经过楚钢的努力和多年的从业基础，他现在负责花期市政套利策略中的对冲和风险管理活动，管理着超过70亿美元的市政套利基金组合。楚钢加盟花旗另类投资部之前，曾先后分别在著名的投资银行所罗门美邦的市政套利交易部门和花旗银行的免税结构性产品业务部门工作过，负责共同管理和买卖60亿和50亿美元的市政套利交易基金组合。在此之前，他还先后在花旗银行新兴市场金融衍生产品部门担任过风险分析师、金融衍生产品结构风险经理以及两年的首席交易员。楚钢的这些经验奠定了他在这个行业中的地位和实力，逐渐成为他们中的优秀者。

楚钢的数学天赋在他的投资生涯中占据了重要的地位，使他能够在错综复杂的金融领域占得先机，取得自己的成就。

●邓琨：弃文从商的传奇基金经理

华尔街是一个人才济济的地方，全世界的人都想在这个地方获得自己的一片领地，想要在这里一展自己的身手，向世人证明自己的实力和能耐，为此不断地努力奋斗，希望能够在这里一圆自己的梦想。

邓琨在华尔街获得了成功，在这里他不仅为全球各地的投资者赢得了最大的利益回报，也为中国人员赢得了极高的荣誉。北美华人投资协会会长楼新月曾经在美国纽约曼哈顿举办的新春招待会上向各界人士和嘉宾说，邓琨“是中国旅美专业人士的骄傲，也是所有华人的骄傲”，表达了邓琨在华尔街所作出的贡献，也向众人展示出了邓琨弃文从商后的传奇事迹。

不一样的投资之路

在投资领域，邓琨与其他基金经理的信息来源基本相同，并且拥有的信息也差不多相同，但是他们在金融投资领域所取得的成就却不相同。其原因是，他和其他人走的道路不同，或者说用的思考方式不同，在实际操作中总是不惧劳累，会比其他人多问几个问题，向前多走一步。在找到好公司之后，他总是问有没有更低的价格可以买到，总是想方设法用最低的价格进货。

他的投资哲学与以往的投资名家不同，即使是华尔街上许多投资人都非常尊崇的巴菲特也一样，他们之间也有所不同。邓琨认为巴菲特有的股票并不便宜，而邓琨的股票组合中全是低价购买的优质股票，抗风险能力较强，这是他们之间的本质区别。

正是因为与绝大多数基金经理的投资理念相比，邓琨的投资哲学独辟蹊径，另找突破点，所以应归于另类。邓琨认为，投资一家公司就像买东西，东西一定要好，而且“好的东西遍地都是”。但是，价格一定要最低。他总是想方设法买到比别人更加便宜的东西，虽然这样会使他吃上非常多的苦，但是邓琨认为这一切都是值得的。邓琨曾说：“我总想比别人多走一步，总是问有没有更便宜的。”买到股票或基金后，他就督促被买的公司管理层改进工作，以增加对股东的回报。邓琨相信有付出总是会有回报的，因此邓琨也乐意给这些公司多一些时间，必要的时候推他们一把，使这些公司增值。他把自己的投资策略定名为“深度价值策略”。

在投资领域，邓琨的深度价值策略受到许多投资者的信任，许多人将他这种理论运用到实践中，并且取得了相应的收益。

变通的思想成就邓琨

华尔街是一个注重理科学识的地方，在这里大部分的华人金融家都是理工科出身，但是纽约拉扎德资产管理公司的执行董事、高级基金经理邓琨却是一个特例，他原本读的是文科，却和其他人一样凭着自己的实力在华尔街争得了一席之地。邓琨的投资理念与传统的投资观念不同，被称为另类的投资理念，而他的这种投资理念竟连续创造了“世界第一”的投资佳绩，不能不让人刮目相看。

邓琨的原籍在江西，那是一个美丽的地方，他出身于书香门第文人世家。他的外公涂公遂是原北京大学校长、著名教育家蔡元培的弟子，后来任香港大学教授、新加坡南洋大学中文系系主任及文史研究所所长，是当时著名的画家和文学家。有着这样浓厚的学术家底，因此，邓琨受到家庭影响，一直都非常喜欢阅读中国诗歌和外国戏剧，一直想做一个文学家，从来没想过做一个基金经理。但是世事难料，人生道路总是与自己当初所想的会有所出入，邓琨最后还是弃文从商，进入了金融领域。

从北京大学英语系毕业后，邓琨想要继续深造，于是又赴美留学，其后在纽约大学获得比较文学博士学位。从该校毕业之后，他继承家业当了一名教师，每天过着悠闲的校园生活，与学生交流着彼此的学科认识。邓琨身体内可能有着不安分的因子，很快他就不再满足于这种安逸的生活现状，他说："文学毕竟只是阳春白雪，距离现实生活太远。"于是，为了新的理想，他开始弃文从商，决定到哥伦比亚大学读国际金融硕士学位，向他未知的领域进发。

拿到哥伦比亚大学国际金融硕士学位后，邓琨被美国康州一家避险基金公司聘请，担任该公司的分析师、研究部主任，后又被拉扎德公司作为高级人才挖走，成为拉扎德公司的一名新员工。也就是进入拉扎德公司之后，邓琨有了施展自己才能的空间，在这里，其能力得到了充分的发挥。

拉扎德公司是目前世界上唯一的、最大的私有老牌投资银行，该公司成立于1848年，坐落在美国纽奥良，第二年搬到了旧金山，当时正好赶上黄金潮。此后，公司又迁往他处发展。1852年，该公司在巴黎开始开展银行业务。1877年，它在伦敦设立了自己的办公室，其后纽约办公室也于1880年开业。拉扎德在世界上享有崇高的声誉，并蒙有一层神秘的面纱，令人看不透。该公司管理着几千只基金，总价值约为800亿美元，绝大部分客户为机构投资者。其中的客户包括大学、公司、州政府退休金和外国政府的退休金。

在这个古老的投资银行中，邓琨共管理总价值超过10亿美元的8只基金，在整个公司都占着非常重要的地位。其中4只为向机构投资者开放的单独管理基金，两只是有限合伙基金，为机构和符合条件的个人投资者服务。两只是面向一般大众的封闭式基金：一是在都柏林证券交易所挂牌的新兴世界基金；二是赢得3项第一的、在伦敦证券交易所上市的世界信托基金。其中，他管理的世界信托基金的大股东都是美国大机构。前几名是耶鲁大学、哈佛大学、德国银行、李曼兄弟公司和华克维银行。这些大学对邓琨的管理能力完全信任，还常写信来向他表示感谢，表示由于邓琨的管理，使得他们的投资收益攀高，他们的学校才得以多盖了一些教学楼、宿舍并多发放了一些奖学金。每当这些机构派人来了解情况时，邓琨就向他们解释自己的投资理念，希望他们能够更好地了解自己资金的情况，使他们不至于有什么后顾之忧。正是他的这种表现，使得他的客户对他非常信任。有一次当股市下跌时，邓琨打电话给其投资者，结果，有的学校不但不担心，还表示要多投资，令他很受鼓舞。

2004年，根据英国《金融时报》的专业评比，邓琨管理的世界信托基金在当年度每月平均回报是1.93%，在661只全球性基金中名列榜首，而全部基金每月平均业绩为0.51%。在此前3年间，邓琨的基金每月的平均业绩是1.75%，在424只基金中名列第一，而所有基金每月的平均回报为-0.24%。可以说，邓琨的业绩让华人基金经理在国际金融界首次拔得头筹。于是经过几年的努力之后，拉扎德公司的新兴市场投资基金的资讯栏中赫然写着“Kun Deng”，这个名字已经成为了公司招揽客户的金字招牌。

当1997年邓琨加入拉扎德公司时，他还只是一位副总裁，第二年就升任高级副总裁。两年后由于工作出色，邓琨被邀请加入拉扎德公司董事会，成为该公司的执行董事，即公司的合伙人。在这个拥有着100多年历史的公司中，邓琨是公司合伙人中唯一的华人。这样的经历，让邓琨成为了华人在全球封闭型基金领域的一个传奇。

虽然邓琨已经在金融投资领域赢得了成功，但是他总是认为自己在投资上是一个“半桶子水”，常常谦虚地说：“我数学不精通，统计不精通，经济也不精通。”但是，正如中国古人所说，“功夫在诗外”。世界万物，其背后的道理也都是相通的，因此，邓琨又说：“我成功的关键是因为我有变通的思想。”正是他这种变通的思想使他能够快速了解和掌握金融动态，为自己赢得胜利。

7. 华尔街传奇——蔡志勇

●蔡志勇：短线投资天才

金融危机的袭击让世界经济一片低迷。但是在这个时期却有很多成功的投资者借助市场的波动成就了自己的财富传奇，其中华人蔡志勇便是一个。股市中没有常胜将军，即使是“股神”巴菲特，人们也只是看到了他成功的一面，而没有看到他错过的赚大钱的机会。但是他们无疑是成功者，成功不是因为他们能赚到多少钱，而是他们能够熬过一次次的危机，在多数人破产、血本无归的情况下，他们依然能够保住自己的资本成为市场最低迷时期的赢家。

从证券分析员到副总裁

蔡志勇出生于1929年3月10日，出生地在上海，他出生的时候距离大萧条的到来仅几个月时间。他的父亲早年曾留学美国，毕业后进入福特汽车公司当推销员，后来被派回上海担任上海分公司区域的总代理。于是蔡志勇的幼年和青少年时代都是在上海渡过的，后来他考上了上海的圣约翰中学，毕业后直接在圣约翰大学读书。1947 年，他大学还未毕业，就跟随家人移民美国。在美国他进入卫斯理大学继续他的学业，但是仅仅读了一个学期，因为一些原因，又转学到波士顿大学，并在获得了波士顿大学经济学学士学位，两年后他又获得了经济学硕士，并在该校的管理学院自修了一些课程。

1951 年，蔡志勇进入获得证券公司，并成为该公司的一名证券分析员，从此开始了他的金融投资生涯。一年后他被调入位于波士顿的总部，即富达管理与分析公司。仅仅几年时间，蔡志勇凭借着自己对市场的敏锐观察力获得了骄人的成绩，他的地位在公司内迅速提升，在他 29 岁那年，获得公司支持他为公司成立了一支投资增长型企业的富达基金。1963 年，他成为该公司的执行副总裁。

这是他在金融领域的第一次崭露头角，他的辉煌才刚刚开始。

成为华尔街投资高手到自立门户

在他任富达基金公司期间，进一步磨练了他的投资专长，他懂得了将资金集中在少数几支明星股票上，并使其短期内快速获利。他当时投资的公司包括施乐复印机、宝丽来相机等等，这些在当时都属于新兴企业，而当时市场盛行的投资智慧确实是分散投资，但是蔡志勇凭借着他对市场的了解创出了很多骄人的业绩，进一步巩固了自己在华尔街的地位。1965 年，他已经掌握了富达公司 20% 的股权。

由于他所投资的企业频频赢利，使他在华尔街声名鹊起、迅速崛起，成为人人追随的投资者，他成功的短期投资和数次买卖公司的业绩更是令很多华尔街的同行侧目。那是他还不到40岁，就成为华尔街人人关注的顶级投资者。那时他住在公园大道名流出入的Regency酒店，每天早晨准时到位于第五大道680号（53街）的公司上班，并指挥手下的70多名员工运作旗下逾4亿多美元的投资。蔡志勇当年在华尔街创下的成就直到今天还没有任何华人能够超越，蔡志勇在华尔街的名声，就相当于明星投资者。《纽约时报》甚至专门派人跟踪采访他，因为人人都想知道这位华人投资天才的一天是怎样度过的。

虽然他在富达公司掌握了20%的股权，但是随着他在金融界的名声越来越大，并且因为没有顺利成为富达公司的接班人，失望之余，他变卖了手上持有的富达公司股份，离开了原来的东家。并且投入220万美元独自创立了蔡氏管理公司，并推出了后来名震华尔街的“曼哈顿基金”。当时最为盛行的基金就是互惠基金，但是因为蔡志勇在华尔街创下的“金融神通”的名声，使得他的“曼哈顿基金”在发行股份时几乎爆棚。从他最初计划发行的250万股猛增至2700万股，这支基金在一夜之间为他带来了2亿4700万美元的资金，这在当时是投资基金和银行领域规模最大、最成功的一次股份发行。

蔡志勇似乎在投资领域有一种天分使他连年获利，于是更多的人开始追他创立的基金，他对市场的趋势有超乎常人的预测和把握能力。这是他之所以成为投资高手的基本，在创立了蔡氏管理公司3年后，他敏锐地预测到市场可能开始走下坡时，就果断地出售了自己的公司，因为他所拥有的名声，但是竞争者无数，最终他以一个合理的价格以“合并”的方式卖给了当时在芝加哥已经有数十年历史的大型保险公司CNA，并在CNA的聘请下继续担任该基金的经理。

蔡志勇的选择无疑是正确的，因为在他出售公司不久后，金融市场就开始进入了低谷，红火了数年的互惠基金市场开始走跌。在此之前，人们都把银行中取出的钱买入了互惠基金，现在所有的人都把钱压在了上涨最多的基金上。蔡志勇的曼哈顿基金在1967年增长了39.24%，但到了第二年，该基金就下跌至6.91%。那时，几乎所有的投资者都是在亏钱之后选择“鸵鸟”战略，也就是耐心地持有手上的股份，等待市场反弹。而蔡志勇却不同于一般的投资者，他更明白市场的走势，因此他果断及时地出售了自己的公司，而在出售公司后，他售出的公司的资产几乎缩水了90%。

低谷岁月到转折性收购

由于昔日投资市场风光不再，曼哈顿基金又年年缩水，蔡志勇进入了人生的最低谷，虽然CNA公司没有表明让他走人，但是他自己还有另外一个目标没有达成，因此，他也不愿再在这里待下去。于是他主动离开了CNA公司，离开了他当初一手创办，并为他带来无数财富和名誉的曼哈顿基金。

离开CNA后，他自己出资买下了一家规模中等的证券经纪公司，主要从事机构投资服务业务。他认为，金融市场在经历了数年的动荡后，证券经纪业一定会开始反弹。他依然将新公司转移至于“蔡氏”公司的名下进行运作，在纽约证交所买下了一个交易席位，并在纽约和加州各地设立了分公司，主要做股票经纪业务。

1978年，他再次出手收购了“联合麦迪逊”金融保险公司的控股权，并担任该公司的CEO兼董事会主席。这是进入低谷后的转折点，此时他的地位和财富早已得到社会的公认，他甚至自己斥资在康州的位址向当地政府申请修建了一个直升机停机场，这在当时成为了一个颇具争议的话题，由此可见他当时的风光。

在蔡志勇人生的最后几年，他一直经营自己的蔡氏管理公司，同时也打理蔡氏基金会，并从事一些慈善事业，同时它还被邀请加入了纽约的百人会。虽然目前蔡志勇早已不在，但是他在华尔街却成为了人们永远的回忆，人们永远都不会忘记这个曾经在华尔街金融史上一夜之间创立了亿万财富的华人投资高手。

8. 逆市而动梦圆华尔街——江平

●被巴菲特称为“奇才”的超级交易员

“因为有危机才有波动，才有恐慌，才可能抓住机会。”江平如是说。正是危机中的逆市而动成就了江平的华尔街之梦。这位投资家是惟一一位因为投资业绩而收入过亿美元的华人，他被美国《交易者》杂志评选为“百位顶尖交易者”。在华尔街，投资界称他为“深不可测的人”。他为雷曼兄弟工作了十年，甚至成为雷曼兄弟的印钞机，半路出家的他入行13年来，始终保持着与华尔街投资潮流的距离，他永远都在独立思考，并且常常有逆市而动的大胆行为。这位曾被“股神”巴菲特誉为“奇才”的超级交易员在华尔街曾经叱咤风云，并创下了累累战绩。

放弃“坦途”攻读金融学

江平出生于江苏靖江，在他幼年时期就表现出过人的学习能力，13岁就到扬州读住宿高中。1981年，他成为扬州的高考状元，并顺利进入中国科技大学学习化学物理。由于他优秀的学习成绩，他被保送到中科院继续攻读研究生。1989年，他又考入了美国普林斯顿大学，并攻读化学博士学位。获得学位后，人们都以为他会凭借着自身的优势，在美国找到一份有着优厚待遇的工作，但是他并没有像大家想象的这样做，而是放弃了这个水到渠成的“坦途”，进入斯坦福大学继续攻读金融学博士。

因为他一直对投资行业有着极大的兴趣，这个兴趣早在普林斯顿大学的时候就已经产生。在江平心里，美国的华尔街对他有着强大的诱惑力，那里跨国银行林立，控制着全世界超过半数以上的财富，是一个名副其实的金融帝国。他坚信着自己的梦想并且为此努力，他更相信自己长远的规划，并且希望能够在金融领域证明自己的能力。

1995年，江平的金融学课程还没有完成，就签约到了美国著名投资银行“雷曼兄弟”公司，并且从事外汇衍生品交易，这只是一个部门的普通职位，而江平心中想做的却是一线交易员。于是他就在内部努力工作，希望能够实现自己作为一个交易员的梦想。进入雷曼兄弟是实现江平梦圆华尔街的第一步，也是最重要的一步。

逆势而行，成名雷曼

进入雷曼公司，江平虽然没有如愿当上交易员，但是经过半年多的职业培训后，他成为了一名高级交易员的助手，帮助其设计交易模型。江平善于动脑，他独自研发设计了一种交易模型，并为公司赢得了大量利润，因此受到了老板的赏识，如愿成为了一名交易员。

虽然当上了交易员，但是他被分配到的却是公司业绩最差的拉美外汇交易部门。而且当时墨西哥爆发经济危机，墨西哥比索又连续贬值导致公司信用评级下调，因此许多投资者纷纷撤离。可以说他所在的部门是当时公司“最糟糕的部门”。但是江平凭借着他对数据独特的敏感性，发现墨西哥货币其实是被低估的，并且认为这正是他展示才能的机会，因为在他看来，有危机才有动力，才有可能抓住机会。他认为墨西哥的货币有很大的升值空间，并且大力买进，果然，危机过后，墨西哥比索大举反弹，江平所在的拉美外汇交易部一跃成为雷曼公司最赚钱的部门。

由于第一次的成功，江平开始全力做墨西哥货币期货，并且极为成功，接着他从期货转为做整个拉美外汇衍生品交易。并且凭借着该交易把雷曼公司的拉美外汇交易部带入了市场的前5名。他的业绩一直在三四成到一倍以上，并且成为雷曼公司贡献最大、赢利最多的交易员之一。当亚洲金融危机爆发的时候，很多投资者都认为不会波及拉美市场，但是江平却悄悄地撤离了所有的投资资金。当金融危机真的横扫拉美市场时，很多对手都被击垮了，因为江平懂得保住自己的资本，依然坚挺。因此他被公司高层升至公司副总裁，并主要管理拉美交易部。

江平之所以能够成功带动拉美外汇交易部和在拉美金融危机中全身而退，最重要的是他的逆势而行，提前布局。正是因为他率先洞察了墨西哥经济复苏，并大量投资期货及国债，才能够在墨西哥比索增值时大赚一笔。如果不是因为他提前洞悉了亚洲金融危机将席卷拉美市场而提前撤出，那么也许雷曼不会成为全球唯一在这一危机中依然盈利的投资银行。

正是因为他善于逆势而行，能够提前预测市场形势，才能够使他在投资中无往不胜。他曾经提前预测到美国纳斯达克高科技股票的崩溃，并推算出美联储会降息，并且降息幅度之大、持续时间之久将会前所未有，远超过人们的预期，并且他根据这一预测，建立了雷曼最大的美国国债利率曲线对冲交易仓位并获巨额利润。他所在的拉美外汇交易部门的利润一直以两位数的速度增长。2002 年末到 2003 年初，他曾经创造了一个月 2000 万美元的盈利记录，仅在 2003 年一年之间，就为雷曼公司创造了 1 亿美元的巨额利润。

虽然江平为雷曼公司创造了巨额利润，但是他所得到的报酬却极少，这与他的付出一点不成正比。按照华尔街的规矩，基金经理的分成一般是其业绩的 10% ~15%，但江平在雷曼的待遇却不到该比例的 1/3，他每年的平均提成只占利润的 3% 左右，但是江平并不计较这些，而且他在雷曼一待就是 10 年，他为雷曼所创造的利润可见是无可计算的。在华尔街跳槽是很正常的，但是像江平这样业绩很好、拿的工资很低但又一待 10 年的人很少。

加盟塞克，成就投资巅峰

在雷曼，江平虽然没有得到应有的回报，但是他积累了大量的经验，并且成为了该行业的“千里马”。2004 年，他计划离开雷曼回中国发展，并且就近照顾自己的父母。这个时期他遇到了自己的伯乐，塞克资本管理公司主席科亨，科亨是华尔街的超级巨星，他眼光独到，并且年收入超过 10 亿美元。

科亨邀请江平在曼哈顿一家意大利餐厅吃饭，两人接触后，科亨发现江平身上“有着超级交易员的潜力”，于是就极力劝说他留在美国，并邀请他加盟塞克。令江平更为感动的是科亨给他送的见面礼。后来江平回忆说：“我从来没有一下子拿过那么多现金，而且没有任何压力。我在雷曼工作多年，每年帮助公司挣一亿多美元，也没有拿过这么多的奖金。”于 2005 年 3 月，江平正式离开雷曼公司，加盟塞克。

进入塞克后，江平全面管理塞克的外汇、指数、拉美外汇、债券和欧洲信贷，但是一开始并不顺利，因为立功心切，甚至亏损了七八百万美元。他感到了一定的压力，但是科亨给了他很大的信心，并且把他请到家里吃饭，当时科亨对他说："不要担心，我虽然并不了解你做什么，但是我了解你这个人，我相信你一定能够做回来。"后来江平没有让科亨失望，当年就为塞克创造了巨大利润，并成为赛克最出色的基金经理之一。

逆势而动成为江平闯荡华尔街的杀手锏，他的极具洞见而又异于华尔街的投资举动，使得自己成为全球获利最多的基金经理。2007 年，江平离开塞克创立了上海亿隆投资咨询有限公司；2008 年在纽约创立对冲基金江平资本管理公司。他是一个懂得感恩的人，在他成功后，计划在中国科技大学建立助学金。

CHAPTER 3

第三章

投机引发的“环球风暴”

选择投机是人类贪婪的逐利本性，投机确实能够给人带来预期的利益，但是投机往往也会给人类带来更多的经济灾难。震惊世界的华尔街金融海啸便是因为长期疯狂的投机而造成的。投机既能创造财富，也能酿造危机。

1. 最早的投机案例——“郁金香花”事件

●郁金香泡沫

当人们看到美丽娇艳的荷兰郁金香时，可曾想过被称为荷兰国花的郁金香，在300多年前竟然给欧洲经济带来了一场轩然大波。1636年荷兰的郁金香引发了一次经济危机，而这次危机也是有据可查的人类历史上最早的泡沫经济案例。

郁金香投机事件的形成

郁金香原产于小亚细亚，主要分布在土耳其的亚德里亚·诺泊尔。1554年的时候，一位名叫布斯贝克的人看到了一种自己不认识的花，当他询问花名时，当地人用土耳其话告诉他一个单词：头巾（Turban）。随后，这种花便被布斯贝克带到了中欧，而且很受那里人的欢迎。

1593年，郁金香传入荷兰。当时一位法国著名的植物学家卢修斯担任荷兰莱顿大学植物园的主管，他来荷兰之前，便随身携带了一些郁金香的球茎。第二年春天，荷兰莱顿大学植物园盛开了第一朵郁金香。当时郁金香还很稀有，对于当时的人来说，只有上层社会的人才可以得之。许多王公贵族都想拥有郁金香，便登门拜访了卢修斯，以寻求一株郁金香，但是都被他拒绝了。一次偶然的机会，一个窃贼趁卢修斯不注意，偷了很多郁金香球茎，并以低价出售，才使得郁金香真正在荷兰各地普遍流传开来。由于荷兰独特的气候和土壤条件，郁金香便很快“安家”，成为荷兰最具特色的花。

1630年前后，由于荷兰人培育出了郁金香的新品种，不管是花色还是花型都深受人们的喜爱，尤其在贵族之间较为流行，而郁金香也因此成为有钱人的象征，王室贵族与达官贵人纷纷争相购买稀有的郁金香品种。而这时，郁金香恰好染上了一种叫作Mosaic的病，而这种病使得郁金香的颜色看起来更加鲜艳，也使得郁金香更加抢手。不久，购买郁金香的风气从荷兰传到了德国和法国，一时之间，欧洲各国都将郁金香视为财富的象征。

到了1634年的时候，欧洲市场对郁金香的需求量逐渐上升。起初，人们买郁金香只是为了欣赏，但是在高价购买风潮形成之后，郁金香就变成了一种赚钱的工具。1636年10月，不仅稀有品种的郁金香价格被抬高，甚至所有的郁金香价格都飞速猛增。短短1个月的时间，郁金香的价格就被抬高了十几倍甚至是几十倍。很多投机客便趁着这种抢购风潮进行炒作：只要今天买了，明天就可以赚钱。很多人都采用投机的心理购买郁金香，于是交易市场也就形成了，而其热闹程度堪比股票交易市场。

起初郁金香只在贵族之间流行，然而随着郁金香价格的上升，这一热潮蔓延至欧洲的中产阶级，更蔓延为“全民运动”。投机客看到低买高卖，钞票就会进入腰包，于是越来越多的人变成了郁金香的炒家。1635年秋季，一枝最好的郁金香在巴黎的价格是110盎司（黄金），然而1个月之后，价格便升了几十倍。1朵1000美元的郁金香花根，不久之后就变成了20000美元。有人统计，1朵郁金香花根的价值相当于4吨小麦、8只猪、4头牛、12只羊中的任何一样。如此暴利也就解释了全民倾家荡产购买郁金香的原因。

1636年，郁金香在荷兰的阿姆斯特丹和鹿特丹的股市上市，欧洲其他地方也存在郁金香交易股市。而股市甚至推出了选择权，同时将郁金香分割成细股，降低投机者的门槛，以便投机者用原来购买郁金香几分之一的价格便可完成交易。由于股市推出的选择权，郁金香的价格又进一步上涨。原本通过实际购买在1个月之内可以获利20倍的郁金香，由于选择权的缘故，获利便被放大了100倍。

郁金香的到来，使得欧洲上下形成了一种投机热潮，人们纷纷陷入暴利的热潮中，都想在其中大捞一笔。

当投机热变成经济泡沫

由于投机客的控制和操纵，郁金香在欧洲刮起了价格风，“买郁金香就可以获取暴利”的心理吸引了众多投资者。很多人从欧洲各地赶到荷兰，不仅带来了大量的资金，同时也给郁金香的交易火上浇油。

1636年12月至1637年1月，荷兰所有郁金香的价格直线上升，其中有一个品种为Gouda，1634年的时候，它的价格只有每盎司1.2基尔德（荷兰盾），1636年的时候也仅为2基尔德。然而到了11月的时候，升至7基尔德，到了来年的1月，其价格突破了14基尔德的大关，而其价格在股市的震荡幅度超过了400%。很多人被其中的暴利冲昏了头脑，丧失了理智，每一个投机者也都沉浸在“天上掉馅饼”的美梦之中，所有人都相信郁金香的价格会一直不断地上涨。

然而人们并没有意识到繁荣背后的危机，一场前所未有的危机也正在郁金香狂热中悄悄蔓延。1637 年，一位来自外国船只上的水手在下船的时候随手拿了一只郁金香球茎，而这个球茎是船长花了 3000 个金币（约合 3 万 ~5 万美元）买来的。当船长疯狂寻找自己的郁金香的时候，这个名为“永远的奥古斯都”的郁金香已经被水手吞下了肚。船长简直气疯了，情急之下将水手告上了法庭，而法官却难以裁断。因为在船长眼里价值几千金币的郁金香，在水手看来就如同洋葱头一样。而这也让人们认识到荷兰人是否太不理智了。随着这则消息的传出，荷兰一下陷入了恐慌之中，很多投机客也开始反思。

1637 年 2 月，人们逐渐意识到郁金香的交货时间快要到了，一旦将郁金香全面种植，手中剩余的郁金香就很难转手。一些人认识到这种状况，于是便开始贱卖手中的郁金香，而随后越来越多的人也马上效仿。之前奇货可居的郁金香一下变成为烫手山芋，持有郁金香合同的人迫不及待地要脱手。一时之间，郁金香的价格开始急剧下降，这种恶性循环导致了荷兰郁金香市场的全面崩溃。由于买主和卖主之间的债务纠纷，荷兰政府不得不出面。4 月 27 日，荷兰政府决定终止郁金香交易的所有合同，允许郁金香的买主在支付合同价格的 3.5% 后终止合同。

而这一规定对于已经付清郁金香货款的持有者来说，其损失将会超过当初投资数量的 96.5%；而对于还没有付清货款的持有者来说，只需支付货款的 3.5%，而卖主将会遭受非常严重的损失。于是郁金香的价格急剧下降，而郁金香市场也是一片混乱。1739 年的数据显示，有些品种的郁金香，其价格狂跌到最高价位时的 0.005%。

人们对财富的狂热追求，最终演变为一场经济泡沫。郁金香价格的崩溃，也导致了欧洲成千上万的人在这场大浩劫中倾家荡产，而郁金香投机市场也是一蹶不振，其元气也很难再恢复。

2. 20世纪20年代——愈演愈烈的过度投机

●第一次世界大战后经济的逐渐繁荣

经历了第一次世界大战之后，美国利用在战争中获得的大量财富开始迅速发展国内经济。此时的美国，就犹如上足了发条的钟表，一刻不停地向前迈步。大战之后，各资本主义国家之间的关系都得到了暂时缓解，1924～1929年，英、法、德等国家的经济都处于停滞或者恢复的状态，资本主义处于相对稳定的时期。

在此期间，各资本主义国家都专心致志大力发展本国经济，便于美国将自己的经济势力伸向国外，所以才会使资本主义生产发展较快，出现了一时的“繁荣”。

虚幻的繁荣

20世纪20年代，美国在新一轮技术革命的影响下，生产技术和固定资本都得到更新，企业的生产和管理也进一步合理化，经济迅速发展和高涨。从技术角度分析，第一次世界大战以后美国经济的繁荣看似拥有坚实的基础。美国的电气、钢铁、汽车、建筑等行业的生产在此期间都出现了高涨局面。汽车产量从1919年的150多万辆疯狂增加了3倍，达到平均每6人1辆汽车的程度，其产值占到全国总产值的8%。20年代的美国，收音机已经基本普及。由于发电量增长了1倍以上，这为各种电机及电器日益普及提供了保障，电冰箱、洗衣机已成为家庭日常用品。有声电影也在此期间问世了。家电产值在1921年的时候为1060万美元，到1929年，已经达到4.16亿美元。化学工业变得非常庞大，炼油业发展迅速，汽车的普及也在有利地推动橡胶工业的发展。人造丝、化肥等新兴产业也迅速崛起。国民生产总值和工业生产总值均创下新的记录，汽车制造、电机电器制造和住宅建筑业发展尤为明显。但是并不是各行各业在此期间都得到了飞速发展，美国的造船业始终缺乏国际竞争力，船舶市场仍然被德国和英国占领。制鞋及纺织业等劳动密集型产业产量不增，甚至锐减，逐渐失去国际市场上原有的竞争优势。由于欧洲各国大力保护本国农业，建立保护关税，再加上那些依靠廉价劳动力的国家的粮食大量涌入国际市场，使美国农产品出口大量减少，农产品价格也不断下降，美国农业开始萧条。到1929年的时候，出口小麦的价值仅为1919年的1/3，肉类仅为1919年的1/9。不过，农业萧条却在很大程度上推动了美国农场的现代化，以往那些依靠手工劳动的中小农场被大量兼并，农场主数量减少了50万名，农场规模迅速扩大。1930年，全国600万个农场中300万个小农场仅生产了10%的农作物。除了农业萧条之外，铁路运输受到汽车运输的挑战，煤炭工业受到石油工业的冲击，也都纷纷陷入低迷状态。

此时，美国经济的繁荣不仅建立在新兴工业的基础上，也建立在竞争对手的牺牲和信贷增长上。1924～1929年，美国的分期付款销售额从20亿美元增为35亿美元。虽然很多家庭都拥有了汽车，但是仅仅在1926年，就有70%的汽车是通过赊销实现的。更为重要的一点是，美国工业品价格低廉，质量优良，在国际市场上具有强劲的竞争力，所以工业品出口越来越多，进出口相抵年年顺差，数值由三四亿美元发展到10亿美元不等，积累了庞大的资本赢余。到1929年的时候，美国在资本主义世界工业生产的比重已经达到48.5%，超过了当时英、德、法三国所占比重的总和，以致当时的美国总统声称，美国人民已达到了“人类历史上罕见的幸福境界”，美国资产阶级也纷纷站出来大肆宣扬资本主义已取得“永久的稳定”。其实，美国经济虽然取得很大的发展，但是资本主义矛盾依然存在，虚幻的繁荣背后，潜伏着危机。

●股票市场的大肆发展以及巨额财富的迅速积累

第一次世界大战对于美国来说，是一个发展经济、迅速崛起的黄金时期。美国利用这次战争的机会大发横财。

战争结束后，美国也由原来的债务国一跃成为世界上最大的债权国，纽约取代伦敦成为世界金融中心。但是此时世界的经济繁荣极不平衡，美国靠对德国的贷款和国内信贷消费而繁荣起来。美国的迅速崛起，带来了股市的大肆发展，对于股民来说，同样的黄金时期也到来了。

几近疯狂的股票市场

当时的证券商可谓是下足了功夫，他们为了吸引更多的游资，雇佣了大量的股票推销员。当时，不论是在城市宽广的街道上，还是在乡村狭窄的小路上，都会发现股票推销员的身影。他们深入千家万户，不厌其烦地向人们讲述炒股的好处，但是在他们的嘴里从来听不到有关股票风险的字眼。人们的炒股热情就这样被点燃起来，入市炒股成为当时美国一项全民的投机行为。华尔街股票市场的牛市似乎是不可动摇的，随着投机者大量蜂拥进股市追求快速、大量的利润，一些主要工业股票的价格竟翻了1倍多。股票市场就这样迅速地发展起来，到了1928年的时候，股市更是几乎到了疯狂的地步。一段时间内，纽约股市每天的成交量可达500多万股。随着投资者将钱大把大把地撒进股市，一些基金也立即从利润较低的投资领域撤出来，然后转向股市。欧洲的资金也如洪水般涌入美国，银行贷款共计约80亿元供给证券商用以在纽约股票市场进行交易。在地铁上，人们不约而同地指责地铁公司没有在车厢内装上电传打字电报机，导致人们在乘车途中无法炒股。在加利福尼亚的大牧场上，牛仔们通过高音喇叭收听电台的消息，随时了解股市行情。在波士顿的一家工厂，所有车间都装上一块大黑板，并有专人每隔1小时用粉笔在黑板上写下交易所的最新行情。当人们乘坐出租车时，司机也会热情地谈论股票行情，就连大街边擦皮鞋的儿童也会时刻关注股市的走向，以便在为顾客服务的时候能够向客户介绍当天的热门股票。胡佛当选美国总统后不久，曾经试图通过拒绝借款给那些资助投机的银行来控制股市的疯狂发展，但股价以不可阻挡之势不断猛涨，到1929年9月3日的时候，1天的成交量超过800万股，达到了股市历史上的最高点。

1922~1929年可以说是美国经济空前繁荣的7年，这种繁荣和巨额报酬极大地激发了华尔街投机商的野心，不少美国人卷入华尔街狂热的投机活动中。大多数股民都是炒短线，并非为了长期投资。在疯狂的投机热潮的刺激下，纽约股市一涨再涨。1920~1929年，美国股市的平均股价升幅达5倍，股价呈抛物线式地上升，股票市场急剧升温。当时美国的繁荣主要集中在部分工业部门和城市中，其他一些工业部门和农业的不景气使美国经济发展很不平衡。此时，资本家攫取了高额利润，但是广大的劳动人民生活却很贫苦，这就大大限制了社会实际消费能力的增长。毫无顾及地分期付款和银行信贷，刺激了市场的虚假繁荣。资本家被眼前的利益驱使，只是盲目地扩大生产，导致供需矛盾日渐尖锐。并且由于股票投机成风，人们醉心于股票等投机活动，股价被大幅度哄抬，使繁荣本身带有一定的虚假性，这都大大增加了金融市场的不稳定性。生产和资本的进一步集中则加深了资本主义社会的固有矛盾，孕育着新的危机。所有投身其中的人们都想不到，泡沫终究会有破灭、消失的那一天。

资本主义经济史上的繁荣

1920年的经济危机是第一次世界大战后资本主义世界爆发的首次经济危机。当危机过后，美国经济在债券、股票等“经济泡沫”的催动下迅速发展，创造了资本主义经济史上的奇迹。1923～1929年秋，美国每年的生产率增长幅度达4%。当时美国经济发生了很大变化，但是变化的不仅仅是美国的经济，整个美国社会的价值观念都在随时发生变化。当时虽然清教徒传统的价值观念依然在农村中流行，但在繁华的城市中，主流道德观念早就发生了巨大变化。当时人们最大的梦想就是发财致富，其他的都是次要的。投机活动备受青睐，同时出现了很多有组织的犯罪活动，享乐之风在社会各层蔚然成风。很大一部分人整日沉醉于物质享乐之中，而精神生活则糜烂不堪，这样的一种社会现象被许多美国历史学家称为美国历史上“疯狂的20年代”或精神的“饥饿时代”。

美国19世纪20年代是一个繁荣的时代，但是这种繁荣的背后却隐藏着巨大危机。首先，美国农业长期处于不景气状态，农村购买力不足。在1919年时，农场主的收入占全部国民收入的16%，但是发展到1929年的时候，农场主的收入就只占全部国民收入的8.8%，很多农场主都纷纷破产。此时农民的人均收入只有全国平均收入的1/3左右，生活极其贫困。其次，由于新科技的影响以及国内的技术革新、政府的自由放任政策的推动，美国工业增长仅仅集中在新兴的工业部门，而采矿、造船等老工业部门都停滞不前，纺织、皮革等行业还出现了减产危机，大批工人也被机器取代而失业，工业增长和社会财富的再分配极端不均衡。此时兼并现象非常多，社会财富渐渐集中在少数人手中。当时全美最大的16家财阀控制了整个国家国民生产总值的53%，全国1/3的国民收入被占人口5%的最富有的人占有。但是，与此同时，约60%的美国家庭还在仅够温饱的生活上挣扎。更为严重的是，有21%的家庭年收入不足1000美元，连温饱问题都无法解决。当时市场上的大量商品都供过于求，但是人们的购买能力却达不到，潜伏着生产相对过剩的危机，这样也就加剧了资本主义市场的危机。

3. 金融史上最大的诈骗案——麦道夫欺诈案

●伯纳德·麦道夫和他的“伯纳德·L. 麦道夫投资证券公司”

20世纪中叶的华尔街一片繁荣，投资领域更是一片见好，许多人将自己的金钱投入其中，想要从中淘得一笔金子，具有头脑的投资者看到了商机，建立起自己的投资公司，专门为这些人服务。其中一度最为活跃和著名的伯纳德·L. 麦道夫证券投资公司后来导演的股票欺诈案就是这一阶段最为轰动的全球投机案例，高达500亿美元的欺诈祸及全球。

创建自己的公司

1960年，正在从事救生员和安装花园喷水装置工作的伯纳德·麦道夫创立了自己的伯纳德·L. 麦道夫证券投资公司，投身于金融投资行业。

经过多年在金融领域的投资经验，麦道夫凭借其聪明才智渐渐成为华尔街经纪业务的明星，伯纳德·麦道夫的公司渐渐地在金融领域占得了一席之地，赢得了许多投资人的信赖，纷纷加入到他的公司，由伯纳德·麦道夫公司为自己管理账户。之后，麦道夫开始活跃于美国证券业的自我监管组织——全国证券交易商联合会（NASD），而他旗下的公司也逐渐成为纳斯达克股市中最活跃的5家公司之一，这为公司以后的发展奠定了雄厚的信誉基础，赢得了更多人对他的信任。

纳斯达克（Nasdaq）是一个英文缩写词，其全称是全美证券商协会自动报价系统，但如今这个缩写已经成为纳斯达克股票市场的代名词。纳斯达克是随着信息和服务业的兴起而产生的，可以说是这两个行业催生了它。纳斯达克始建于1971年，是一个完全采用电子交易、为新兴产业提供竞争舞台、自我监管、面向全球的股票市场。纳斯达克是全美也是世界最大的股票电子交易市场，同时还是世界上主要的股票市场中成长速度最快的一个，而且它是首家电子化的股票市场。每天在美国市场上换手的股票中有超过半数的交易是在纳斯达克进行的，将近5000多家公司的证券在这个市场上挂牌。

纳斯达克拥有各种各样的做市商，他们负责投资者与纳斯达克市场上的交易活动，撮合买卖双方，在必要时为了保持交易的不断进行还要充当交易者的角色，这些人被指定负责这个市场中的一种特定股票的所有交易。因为在纳斯达克市场上，任何股票投资者在此挂牌的交易都是采取开放的竞争方式来完成的，也就是用他们的自有资本来买卖股票，这种竞争活动和资本提供活动使交易活跃地进行，需要有个中间人来负责其中的关系。

在伯纳德·L. 麦道夫证券投资公司成立后的很长时间内，麦道夫的公司主要在股票买家和卖家之间充当撮合交易的中间人，伯纳德·L. 麦道夫证券投资公司很快被投资者所熟识。到20世纪80年代初，这家公司已经成为美国证券业最大的独立交易公司之一，成为纳斯达克股市中最活跃的5家公司之一。到21世纪之前，该公司拥有3亿美元左右的资产。截止到21世纪第一个年头的第10个月，该公司在纳斯达克还名列前茅，排名第23位，可谓是风光无限。

在纳斯达克和纽约证券交易所的竞争中，麦道夫立下了汗马功劳，也是纳斯达克股市少数几个功臣之一，其中也付出了许多努力。20世纪90年代初，他一举成为纳斯达克交易所董事会主席，卸任后也一直是该董事会的成员，占据着重要的位置。

这段辉煌岁月为麦道夫赢得了极高的声望，为他以后的股票欺诈行为奠定了基础。

●伯纳德·麦道夫因涉嫌证券欺诈遭警方逮捕

金融海啸狂卷过的华尔街，暴露出了许多人的真面目，也暴露出了华尔街令人心寒的另一面。人们一向认为华尔街是世界金融的聚集地，这里遍布的是各国的投资精英，但是这里同时也是一个暴露人性自负和贪婪的地方，而2008年的金融危机将这一特点彻底地展现在世人面前。

美国的一场金融危机迅速席卷世界各国，引起世人的关注。这一场危机使即将下台的布什不得“善终”，使得担任了五届美联储主席的格林斯潘成为此次金融海啸的罪魁祸首，也使得华尔街上许多的位高权重的大人物露出了他们令人发指的一面，其中，纳斯达克证交所前主席麦道夫无疑是他们中的“佼佼者”。

确立自己的声誉

纳斯达克前主席伯纳德·麦道夫在华尔街金融界具有较高的声誉，但也就是这位金融市场的元老级人物玩弄了一场“庞氏骗局”，凭借“庞氏骗局”掳走投资人500亿美元。此举震惊了华尔街，震惊了整个世界，然而令人匪夷所思的是这个骗局并非是伯纳德·麦道夫因为试图掩饰在2008年的市场博弈中的几次失利。在骗局揭穿前，麦道夫是华尔街广受尊敬的投资领域的人物，是能够为他们带来高额利润回报的强者。认识麦道夫的人用“富裕”、“高调而不炫耀”来形容他，他在投资者中有着极高的声誉，投资他旗下基金的人对他是毫无保留地信任，从来不会询问他有关自己投资方面的事情，完全放手让麦道夫的公司管理。但是也正是这个众人认为的富人，一手炮制了华尔街历史上最大的欺诈案，骗取了他们高额的资金。

麦道夫涉足资产管理业务是在20世纪90年代，他凭借着自己的实力创建了一家进行资产管理的投资咨询公司，想要从中获得自己的收益。麦道夫作出这个决定是经过深思熟虑的，是根据自身的情况审视而下的最后决策。在纽约和佛罗里达，麦道夫夫妇是富裕犹太人圈子中的熟悉面孔，麦道夫认为这是一个财富网，他一直试图将他的这种个人关系网变成自己的财富来源。麦道夫是成功的，在他的公司中有许多客户都是来源于这个富裕阶层，是他的稳定客源。

麦道夫能够得到这些人的信任，是他有意维护的。为树立自己的声誉，麦道夫进行了许多活动，付出了许多努力。棕榈滩乡村俱乐部是一个犹太人的俱乐部，在这里的人们最不缺的就是钱，这里的人们挥金如土，是显示自己身份的一个场所。自从 1967 年在这附近购买了自己的房子后，麦道夫和他的太太就是棕榈滩乡村俱乐部的常客，经常参加俱乐部的活动。这个俱乐部在当地，即使在美国都是非常有名的，而要想加入这个俱乐部不是任何人都可以的，即使你有再多的钱都不行，你必须得证明自己的钱是干净的，是合法的，自身还得是一个乐善好施的人，在当地拥有较高的声誉。麦道夫和他的妻子鲁斯就以积极从事慈善事业而著称。通过麦道夫家族基金，麦道夫和他的妻子鲁斯资助大学生，为他们提供学费，另外还为艺术行业提供行业基金，供给他们发展，还向许多犹太人慈善机构提供大笔慷慨捐赠。甚至在政治领域也有非常多的人得到过他们的资助，其中，民主党的许多政客就接受过麦道夫的政治捐赠。通过这一系列的活动，麦道夫很快确立了自己的声誉，成为“华尔街的巫师”，此声誉也被华尔街的精英们承认。

麦道夫的行为使许多人对他完全信任，在佛罗里达以及纽约的犹太社区内，麦道夫赢得了富人们的信赖。犹太社区里的人们将他们的基金交由麦道夫来管理，麦道夫公司的基金一度被圈子里的人简称为“犹太人基金”。麦道夫会不定期地返还给这些投资人他们的投资收益，保持着良好的回报率，有些人称他的基金和财政部发的短期国债一样牢靠，他被很多人视为投资方面的“上帝”，其信誉在他的投资人中非常高。

以“内幕消息”掩盖一切

麦道夫公司一直以高回报而著称，他通过“庞氏骗局”一直维持着公司的运作，40 年来，麦道夫做得天衣无缝，没有任何人知道，即使是他的两个儿子对此也是一无所知。直到 2008 年的金融危机爆发时，投资人要收回自己的投资，麦道夫基金无法流转，再也无法维持现状，不得不向他的儿子承认“自己什么都没有”，此时真相才大白于天下。

这么多年来，麦道夫对外宣称的投资记录非常成功，持续的高回报是麦道夫欺诈持续多年的重要因素。投资者不能对麦道夫的投资方法提出疑问，只要到时候领取自己的收益就可以了，不论市场好坏，麦道夫每年都可以支付 1% 以上的投资利润，因此投资者对他完全信任。即使有些难缠者一直追问，麦道夫也会以“内幕消息”作为回答，避免对方一直问下去。

麦道夫的客户都是各国非常有钱的人物，其中包括富豪、对冲基金、大型机构投资者，甚至有些还是欧洲的一些银行。在金融投资领域，许多投资老手认为向麦道夫的公司投资，担心的不是可能会损失多少金钱，而是他们不向麦道夫投资可能会损失的赚钱机会。在他们的概念中，只要是投资了麦道夫的公司，就会有高收益的回报。

麦道夫以“庞氏骗局”的方式骗取了投资者的金钱，但是他并不是接受任何投资者，少于 100 万美元的投资，麦道夫是不要的。而且，投资他的公司还有另一个苛刻的条件，投资者不能询问他有关投资方面的任何问题，只要信任他就可以，每月到期就会有 1% ~2% 的稳定回报。这个认识已经成为投资麦道夫公司的一个默示，在棕榈滩俱乐部，大家都知道最终都会拿到自己的红利。

麦道夫经常利用高尔夫球会所、鸡尾酒会等奢华场所编织自己的关系网，在美国达拉斯、芝加哥、波士顿和明尼阿波利斯等城市都可以看到麦道夫的身影。这些场所是麦道夫融资的重要地方，仅在明尼苏达州霍普金斯市山顶高尔夫球俱乐部和橡树岭俱乐部，麦道夫就“融资”超过了 1 亿美元。许多人都想成为麦道夫的客户，而加入麦道夫的公司就如加入一个门槛很高的俱乐部，光有钱没人介绍是不能进的，在他们看来，把钱投给麦道夫已经成为一种身份的象征，不单单是投资而已。于是有些人甚至为了能够加入麦道夫的项目中，不惜花25万美元年费，加入棕榈滩乡村俱乐部或老橡树高尔夫球会，只是为了有机会与麦道夫碰面。

麦道夫稳定的高回报是投资者们将麦道夫视为投资界的传奇人物的重要原因，他们认为只要加入到麦道夫的公司，就相当于已经踏入了财富之门，因此，全球各地想砸钱给麦道夫的人太多。其中，有些投资者开玩笑说，如果麦道夫是个骗子，他将把全世界一半人拖下水。很不幸的是，这一玩笑竟然一语中的。

"庞氏骗局"只是简单的骗人伎俩，麦道夫就是利用这个简单的伎俩骗了全世界的投资者，用新投资者的钱支付给老投资者，使自己的资金一直能够在这其中流动。这一招虽然在骗人的领域不是非常新鲜的，但是依然使数千投资者，包括对冲基金、银行和富有的个人成为其中的受害者。直到金融风暴席卷美国，才打破了这一切。

麦道夫已经向美国警方自首，已经被警方逮捕，等待他的是法律的制裁。

●大骗子伯纳德·麦道夫

在美国康涅狄格州的法尔菲尔德小镇，有一对美国退休夫妇，把辛辛苦苦攒了一辈子的积蓄给了一个人，想让他帮忙管理投资，本想他的公司是最可靠稳定的投资公司，没想到这家公司随着金融危机的爆发，也向世人惊现出它不为人知的一面。500亿美元的欺诈案震惊了全世界，震惊了该公司的投资者，他们的投资都打了水漂，他们幻想的美好未来生活瞬间化为泡影，消失在这个骗局之中。

麦道夫欺诈案在美国波及的范围可以说是方方面面，甚至影响到了各国投资者的利益。麦道夫的成功其实只是依靠了一个简单的“庞氏骗局”，却将世界各国的富豪、财团、银行拉了进来，成为其中的受害者。

庞氏骗局

通过操纵一只对冲基金，给投资者造成了至少500亿美元的损失，麦道夫制造了这起华尔街乃至全球金融界最大的欺诈案。让麦道夫“成功”的是犹太人的智慧和规则，而让他英名尽扫的是一个意大利式的骗局——庞氏骗局。

庞氏骗局据记载是一种最古老、最常见的投资诈骗，它是以一个人的名字命名的，最初“发明”这种诈骗行为的是一位名叫查尔斯·庞齐的投机商人，他通过这种诈骗方式为自己赚钱，后人就以他的名字来命名这种投机诈骗行为。

1919年，庞齐欺骗投资者向一个原本不存在的企业投资，并且向投资者许诺在3个月内他们将会得到40%的利润回报。庞齐凭借“借新债还旧债”的骗术，把新投资者的钱作为快速盈利付给最初投资的人，来回兜转这些资本，给予他们高额的回报率，以诱使更多的人上当受骗，后人把这种欺诈方式称为“庞氏骗局”。面对高额的回报和利率，很少人会去追问他们投资赢利的方式，于是庞齐从中骗取了丰厚的资金，但是完善的骗局都有它的缺陷，很快庞齐的骗局暴露了出来，最后庞齐被判刑入狱，等他死时已经是身无分文。

“庞氏骗局”这种拆东墙补西墙的方式往往具有非常大的灾难性，这一骗术在历史上不断出现，却无法给人带来警示，在现代社会，这一骗术仍在世界各个角落屡屡得手，如中国的种种传销机构，从“万里大造林”到“瑞士共同基金”这一古老的骗术仍在大行其道，就连世界上拥有着非凡地位的许多人都依然饱受这种骗局的影响，成为它的受害者。

500亿美元的欺诈祸及全球

麦道夫以高资金回报率为许诺，骗取投资者投资，用后来投资者的投资偿付前期投资者的欺骗行为，这一古老的骗术在他的手中得到“发扬”，使世界各国的人和集团受到严重损失。华尔街金融危机全面爆发，才使其最终暴露出来，否则它还将继续骗取更多人的金钱。

通过这种欺诈方式，麦道夫可谓是骗尽了各国的财富。

西班牙最富有的女人受骗

现年已经56岁的阿莉西亚·科普洛维茨，据有关机构评估其身家高达52亿美元，被世界上有名的财经杂志《福布斯》评为西班牙最富有的女人。1989年阿莉西亚·科普洛维茨的父亲去世，留下了一家稍具规模的建筑公司，她从父亲手里继承了公司的部分股份，但她对此不感兴趣，于是将自己持有的那部分股份卖给了姐姐。握着自己的资金，阿莉西亚·科普洛维茨将它投入到了欧洲和美国的房地产以及金融市场，通过这种方式来积累自己的财富，她的才智为她累积起了巨大财富，成为西班牙有名的富有女人。阿莉西亚·科普洛维茨也是麦道夫公司的一名客户，在这次的欺诈案中，科普洛维茨成为该案的受害者之一，她的损失估计达1000万欧元（1欧元合1.36美元），损失不小。

国际奥委会受骗

震惊全球的麦道夫欺诈案使许多人深受其害，就连一些国际组织都避免不了，被牵连到其中。前段时间，国际奥林匹克委员会官员、国际奥委会财务委员会主席理查德·卡里翁在接受美联社采访时，称国际奥委会向麦道夫管理的基金投入了大约4.8亿美元，也是此欺诈案的受害者。但是同时，卡里翁又向外补充道，国际奥委会的钱并不是直接投给了麦道夫的基金，而是投向了与麦道夫基金有关的其他基金。无论如何，国际奥委会在此次麦道夫的欺诈行为中受到了惨重的损失。

银行也受波及

麦道夫的客户中不仅包括各国的富翁、财阀，还有掌握各国金融业的银行。

英国最大的银行汇丰就是麦道夫欺诈案中最大的受害者之一。据该银行的负责人称，银行在其中的风险敞口达到大约10多亿美元，如果美国政府不能从麦道夫处收回任何资金，汇丰此后还将会赔偿给他们的客户损失，由此汇丰可能还将产生5亿美元的潜在损失，这些都是因为此次欺诈所产生的损失。

另外，还有些跨国银行深受其害，而西班牙国家银行就是本案中受损最严重的跨国银行之一。西班牙国家银行称他们旗下的对冲基金Optimal在此次欺诈案中的风险敞口高达23.3亿欧元（约31亿美元），损失较大，并且该行还称他们利用自有资金投资的1700万欧元也将成为虚无，再也收不回来。

瑞士银行业也将自己的投资放到了相关的基金上，其损失也极为惨重。据瑞士银行业向外宣称，瑞士有数家银行在本案中受到损失，他们的风险敞口总计达到50亿瑞士法郎（约合42亿美元）。

除了上述银行之外，还有些银行也受到了波及，法国巴黎银行、苏格兰皇家银行等大型金融机构就受到了牵连。法国巴黎银行负责人向外公布，虽然他们与麦道夫的企业没有直接的投资业务，但是受错综复杂的对冲基金牵连，他们可能要蒙受至少3.5亿欧元（4.7亿美元）的损失。苏格兰皇家银行则称，他们与本案相关的风险敞口可能给他们带来大约4亿英镑的潜在损失。

日本最大的证券公司蒙受损失

野村控股公司是日本最大的证券公司，也是这次全球金融危机中遭受损失最大的日本金融机构之一，据统计，在金融危机蔓延开来的6个月来，该公司已承受净损失1495亿日元（16亿美元）。另外，因为要收购雷曼兄弟公司在亚太、欧洲和中东地区的业务，野村控股还要背负额外的财务负担，将近有20亿美元。在麦道夫欺诈案揭露后，野村控股公司又声明，他们公司在其中可能面临总额275亿日元（约合3.06亿美元）的资金损失。不过野村控股公司同时确认，野村控股资本雄厚，麦道夫欺诈案对公司影响有限，以此来安慰自己的投资者。

慈善机构也难逃灾难

麦道夫欺诈案暴露在人们面前后，展现的是他可怕的影响，他不仅把各国的富商、银行及欧日的证券业行业牵涉到了其中，就连慈善机构也难逃其灾难。

据了解，美国数家慈善机构委托伯纳德·L. 麦道夫投资证券公司打理巨额善款，事情爆发后，他们也都血本无归，他们恐怕是麦道夫证券欺诈的直接受害者。

罗伯特·拉平慈善基金会总部设在美国马萨诸塞州的波士顿，其项目主要是为犹太年轻人前往以色列提供资助。当麦道夫欺骗世人的行为被发现时，这家慈善机构在网站上写道，经营资金都投在了麦道夫旗下的基金，目前慈善项目需要的资金瞬间如“泡沫”消失一空，基金会职员在不得已的情况下全部被遣散。

毫无疑问，麦道夫欺诈案是金融史上最大的一起诈骗行为，他不仅给直接的投资者造成了巨大损失，同时也使许多企业和资金管理机构在此次诈骗行为中因为对冲基金遭受了巨大的资金流失。

4. 次贷危机，搅乱了 2008 年，牵动了世界

●次贷危机，“名声”大振

次贷危机，全称“次级抵押贷款危机”，又可以称为“次债危机”，是从 2007 年开始由美国次级抵押贷款市场动荡引发的一场股市风暴。

其实，早在 2006 年时，次贷危机就在美国有了显现的苗头，之后愈演愈烈，致使全球经济都受到了巨大影响和冲击，不少国家的金融市场都有不同程度的流动性不足现象。直到 2007 年 8 月，这场令世人瞩目的巨大风暴席卷了以美国、欧盟和日本等为主的世界金融市场。

最终，这场因次级抵押贷款机构破产、投资基金被迫关闭、股市剧烈震荡引起的风暴不再是本土危机那么简单，从 2007 年 8 月开始了席卷美国、欧盟和日本等世界主要金融市场的旅程。

2007 年，次贷危机在瞬间名声大震，名扬整个世界。在过去的 2007 年中，最令人关注的话题莫过于“次贷危机”，而在过去的 2008 年中，最令人关注的话题莫过于“金融危机”。不管是不是关注经济领域的人，不管对“危机”这个词语有多少了解，每个人似乎都对它倾注了太多的注意力。

从次贷危机到全球性的金融危机，其实就是一个由量变到质变的过程。

次贷危机是这样来的

从美国的生活方式和消费方式来看，次贷危机的爆发似乎是必然的。

美国人的享乐主义造就了美国的消费方式主流，其主要消费方式就是贷款，从买房、买车到购买常用物品，可以说，贷款无处不在。由于美国的竞争压力剧大，贫富差距也较为明显，加上失业率的提升，这让那些没有稳定的收入甚至根本没有收入的人头疼不已。不论在哪个国家或地区，对于那些占大多数比例的、仅能满足温饱的人来说，买房就成了大问题。要买房就只能靠贷款，但由于没有稳定的收入，信用等级达不到标准，也没有还款能力证明，所以，他们的贷款就被称为“次级贷款”。

收获利益是要付出代价的，尤其是那些没有优势的人要想得到梦想的东西，就必须付出比常人更多更大的代价。比如那些次级贷款者，与那些信用等级达标的人相比，他们按揭贷款的利率要更高，还款方式相对来说也会更严格一些。一般情况下，次级贷款的还款方式是固定利率和浮动利率相结合的，也就是说，贷款者在购房的前几年以固定利率偿还贷款，接下来便以浮动利率偿还贷款。从情理上来讲，这是合乎规律的，毕竟金融机构也想赚钱，它们所抱的心理是“风险大，收益也大”。

然而，对于次级贷款者来说，利息的上升只会使他们的还款压力进一步增大，从而导致部分人不得已而出现违约的可能，这会对金融机构收回贷款造成影响。为此，放出贷款的各个金融机构就又想出了一招，那就是将这些贷款以债券的方式发放，以便能够尽快收回资金。当然，债券的利率也要比优贷的债券利率高一些。于是，只要这些债券一上市，就能够得到很多投资机构的青睐。

人是贪婪的动物，尤其是那些“富有”的大鹗们，他们并不满足于贷款者按时缴纳的贷款和利息，他们想方设法地从中得到更多的回报。于是，美国的房价开始不断上涨，这是预谋家们的第一步。

接着，他们就会借着抬高的房价，对那些不能按期还款的次级贷款者实施“下一步”，那就是按照合同将他们所购的房子收回，如果房产业过热的话，再卖出去还是能赚得满堂彩。很多金融机构似乎都学会了这套快速谋取利益的“把戏”，在他们大把大把捞钱的同时，殊不知，危险已经在逼近了。

正是因为这些金融机构为了“一己之欲”而有意纵容次贷的过度扩张，并不断地扩大债券规模，直接为危机的产生奠定了基础。

但是，一旦信贷环境改变，尤其当房价出现大幅下跌的情况时，金融机构即使将房子收回，也不能从中赚取利润，弥补放贷的损失，甚至很可能卖不出去。

从2001年开始，美国就在不断地调整利率，使信贷环境变得极为宽松，到2003年6月时，美国的联邦基金利率降低到1%，创下了近46年以来的新低水平。美国持续下调利率使得本国的经济大幅向前迈进，房地产市场也响应政府的政策，开始同期下调房贷利率，因此，美国房产也呈现了持续繁荣的景象。次贷市场因此逐渐火爆起来。从表面上来看，购房者的压力大大地减轻了，但实际上危机却已经存在了。

2006年后危机征兆开始显现，出乎所有人的意料，美国的楼市进入了“冬季”——淡期、冷期，房价不断下跌，而导致房价下跌的直接原因就是因为大幅降息后的大幅涨息。从2004年6月开始，经历了持续降息后，美联储的低利率终于见到了“春天”，仅仅用了1年的时间，便经历了连续13次的涨息，从过去的1%提高到4.25%。到2006

年8月时，涨到了5.25%。这一系列涨息措施直接导致房屋借贷的成本上升，起到了抑制需求、降温市场的作用，引发了房价下跌。次级贷款者无法通过抵押或售出来获得融资，使得违约的几率大大增加，金融机构也不能收回贷款。当然，与之相联的债券价值也开始缩水，那些购买债券的机构，同样也跟着亏损，严重影响了各国资金的流动性。当这类事件不断增多并扩大时，危机便发生了，即现在所说的“次贷危机”。

●次贷危机，开始了“变异”、“扩散”

美国是西方的发达国家之一，其科学、经济发展速度之快令人称奇。正是这种世界性“经济超前大国”的称号和实力使其成为了世界经济的领航者，经济及美元也在世界经济中占主导地位，因此，当次贷危机给美国的经济造成重创的同时，就连世界经济也未能幸免，真可谓“牵一发而动全身”。在次贷危机的影响下，全球经济增长速度明显有所放缓。

房贷危机冲击金融业

由房贷引发的次贷危机不仅仅是美国本土房产业的危机，而逐渐演变为银行业甚至可以说是金融业的危机。

尤其是美国的银行业，原本发达的金融体系也遭受到了巨大的寒流冲击，终于支撑不住，也开始在金融风暴中“风雨飘摇”起来。美国银行业的“受伤”不仅影响了本国经济和美元汇率市场，对于世界各国经济的影响程度也要比人们想像的更深，也更长久。

在美国次贷危机中，银行业无疑是遭遇打击最大的行业，可谓首当其冲。华尔街著名的投资银行高盛集团曾发布报告，认为此次次贷危机对美国的实体经济造成了巨大冲击，可能使投资者的放贷额度缩水高达2万亿美元。

2008年4月2日，美国的第二大次级抵押贷款公司新世纪金融也病入膏肓，正式向有关部门申请破产保护。美国经济恶化的迹象在随后的一段时间内也表现得越来越明显，一系列的“病症”引起了美国股市的剧烈动荡，使很多投资者失去了信心，影响了消费信贷和企业融资。

除了美国以外，欧洲各国经济也不同程度地受到了打击，以英国为例，英国的北岩银行在次贷危机中陷入了融资困难，是英国金融机构中最早被“拖下水”的“受害者”。由于北岩银行通过向其他银行借款、在金融市场上出售抵押贷款证券筹款，所以难以抗击次货危机的影响，踏上了“死亡之路”。

北岩银行宣布盈利实况，即比预计低20%左右，当天就有大批的银行储户闻声而来，排起长龙，欲取出所有北岩银行的存款。由此也反射出了美国次贷危机的冲击力之大，全球金融业都将被波及，很多投资者都担心次贷危机会进一步扩大，因此收紧了投资，从而使得信贷市场萎缩，市场流动性下降，银行间的同行拆借大幅减少，拆借利率也随之上升。这也都正中了包括北岩银行在内的诸多银行业的“命门”。

次贷危机以北岩银行为引线在英国股市爆发了连环“地震”，英国许多重要的企业，如布雷德福—宾利公司、莱斯特公司、帕拉冈公司等股价都相继下跌，其中下降幅度最大的就是帕拉冈，其股价跌幅竟达到26%。

向全球扩散

以美国为始发点的次贷危机，危害的不仅仅是本土金融界，其幅射面在不断扩大，全球经济也逐渐被阴霾气息所笼罩……

物价飞涨所引起的大规模骚乱让人措手不及，同时也让所有衣食平民关注起了经济与金融。次贷危机犹如一只潘多拉魔盒，一旦打开，放出的“魔鬼”几乎要吞噬整个华尔街。金融市场的山崩地裂，聚焦了全球50多亿人的目光。

包括法国、英国、德国在内的诸多欧美国家都感受到了此次金融危机的威力，亚洲地区很快也迎来了“挑战”。

中国：商业银行纷纷将目光放在了住房抵押贷款上，其背后隐藏的风险足以让所有人都把心提到嗓子眼。主要原因就是中国商业银行的资产中，房地产抵押贷款占到了很大一部分，是贷款收入的主要来源。众所周知，房地产市场的升降直接关系到商业银行的利益。在经济上升时期，房产抵押贷款无疑是最为优质的资产，加上贷款收益率相对较高且违约率较低，一旦出现违约还可以通过拍卖抵押房地产获得补偿，所以，中国商业银行对于次贷危机后房产抵押的过度关注及恐慌也在情理之中。香港在2008年10月27日启动了金融危机爆发以来的最大规模的注资行动：香港金管局通过卖出港元买入美元的方式，分别于2008年10月27日上午和下午向市场注入77.54亿港元和77.53亿港元，向市场注资共计155.07亿港元。注资后，香港银行体系总结余在29日将增至314.59亿港元。此前，香港金管局曾分别在2008年9月19日、9月25日、10月23日向市场注资15.56亿、38.83亿和38.77亿港元。这一切说明，香港已经投入到救市的行列中。有人说，这次香港的救市行动若“失火”，必会殃及内地。

日本：由于强势的金融危机，日本股市在2008年10月27日跌至26年以来的最低点，日本首相急召政府高官举行会议，下达制定紧急救市措施的命令。有关措施包括强化股市卖空限制、扩大向金融机构注资以及延长股市投资税收优惠等。他表示，政府可能扩大一项针对银行的政府注资方案。据称，政府可能将对银行的注资规模提高到近1100亿美元。他还透露，政府可能设立专门的机构，来收购银行的股份。此外，日本有关部门还考虑放松对银行融资的限制。对此，日本首相呼吁延长股市投资的税收优惠措施。总而言之，日本相关人员断言，如果日本在金融危机中什么都不做的话，日本的实体经济将会遇到非常严重的负面影响。

韩国：自金融危机爆发以来，韩国又再现募集潮。韩国央行在2008年10月28日出人意料地将基准利率下调75个基点至4.25%，目的就是想缓解当前金融市场动荡对整体经济的冲击。据有关媒体报道，这次下调是韩国有史以来减息幅度最大的一次。

对于此举，韩国政府是这样解释的：由美国次贷危机导致的金融危机扩散到全球，不仅对国内金融市场，而且对实体经济也开始带来不良影响。因此，这样大幅度的降息只是为了能够及时阻止金融危机带来的恶性循环，属于积极的救市行动。

印度：在这次危机中，印度中央银行也于2008年10月28日下调了该行的基准回购利率，这是该行自2004年以来的首次降息，原因是全球信贷市场的混乱状况正令全球经济面临陷入衰退的威胁，也属于积极的救市行动。对于印度央行所作出的决定，该行行长苏巴拉奥认为，经济增长走软的威胁要高于通胀水平的上升。与此同时，中国第三季度GDP增长速度减缓至5年以来的最低水平，越南也下调了基准利率。摩根大通和瑞士银行分析师预测，全球经济正滑向2001年以来的第一次衰退。这也是不得以之举。

巴克莱资本驻新加坡的资深经济学家塞利士·季哈称："全球经济增长令人担忧，大经济体和地区经济增长减缓。"

5. "热炒"石油价格几时休

●石油炒作是金融危机的导火索

2008年由美国开始的次贷危机迅速席卷全球，处于风暴眼上的美国却没有倒下，但是导致了其他国家如冰岛、希腊等国家的破产。而有关专家也说，这次危机堪比1929年的美国经济危机。很多人都认为这次金融危机的原因是美国的次贷引起的，但是细想一下就会发现，为何美国没有倒下，其他国家却倒下了，重点就在于美国是石油操纵国，而石油便成为它的护身符。对石油的炒作，使得金融危机愈演愈烈，而什么时候会停止，依然不为人知。

美国投机石油期货

对于世界上任何一个国家来说，石油是其国民经济的命脉，一旦出现石油崩溃，那么这个国家就要面临破产甚至是灭亡的局面。而随着石油重要性的日益增加，它已经不单是仅仅作为原料这么简单，而"炒"石油也成为一种时尚。现如今，石油价格是升了又降，降了又升，其目的何在？

第二次世界大战结束的30年后，各国加快了对美元的储备，因为手中的美元可以随时兑换成黄金。1971年的时候，尼克松取消了美元和黄金之间的挂钩，而美元在世界储备货币中的地位也将面临崩溃的局面。为了挽救美元，美国说服了沙特阿拉伯把石油作为石油输出国组织的唯一结算货币。如此一来，世界各国进口石油的时候就不得不储备美元，而且随着全球对石油需求量的增大，1桶石油的价格从当初的1美元升至了2008年的147美元。全球美元一共分为4个部分：美国美元、石油美元、欧洲美元、亚洲美元。其中，石油美元主要是以中东国家为主体，通过石油输出国组织出口石油以换得美元。而美国对中东地区石油资源的控制则是在经历了三次中东战争、1992年的海湾战争以及2003年的伊拉克战争之后。从此也就出现了石油价格的飞速猛增，短短6年的时间就涨到了原来的10倍之多。

2008年上半年，石油价格从原来的15美元直奔150美元，而作为全球最大的石油出口国的俄罗斯则为国际原油期货价格而欣喜若狂。但是好景不长，下半年的时候，美元与石油的走势发生了翻天覆地的变化，国际原油期货价格在2008年12月的时候下降到了35美元，而此时俄罗斯则由喜转悲。尽管同期的时候，美国汽油价格下跌了65%，但是并不意味着全球会对石油的需求大幅下降。国际原油期货现货交易额仅为8000万桶，而日交易额是21亿桶，是其30倍。据2008年7月美国众议院调查，石油期货合约中投机比例超过套期保值比例。而这也就成为原油期货价格上升的原因。而且美国采取的对冲基金政策，已经完全可以控制国际原油期货的定价权。

不能否认的是，原油价格有上涨，必然就存在下跌。由于全球经济的衰退，全球对石油的需求预期下降，短短几个月的时间国家石油价格就下跌了将近70%左右。石油何以出现下跌？其原因自然是和美国有关，它是想借用国际石油价格的下跌打击自己的竞争对手。石油价格的震荡，使得经济不能保持稳定。石油价格上升，致使全球物价上涨，人民不堪重负；而石油价格下跌之后，很多投机者不能从中获取利润，自然就容易引发一些经济问题，使金融危机成为一种可能。

石油“炒”出来的金融危机

20世纪70年代的时候，由于中东战争的爆发，同样也引发了石油危机，使石油的价格在10年之间就涨了10倍。以致到了20世纪80年代初，石油引发的全球通货膨胀率达到了12%～17%，进而导致了全球经济的衰退。

1985～1986年春，短短几个月的时间，全球石油价格从26美元降到了10美元以下，下跌了70%。而此时美国说服沙特阿拉伯实行“反向石油冲击”，以超低的价格向全球倾销石油，想要借此机会拖垮前苏联。最后，超低的石油价格使得前苏联解体，而10美元一桶的石油价格使得前苏联基本上没有外汇收入，前苏联一下子陷入了经济困境，国际上红极一时的强国一下子变得萎靡不振。

可见，美国是世界原油价格的操纵者，而它为了打击竞争对手，从中获取利润，竟然反复变更石油价格，最终导致了世界经济的不稳定。2008年的时候，石油期货价格达到了每桶148美元，这就使得全球物价指数上涨，钢材、建材以及有色金属等价格也不断上涨，致使人类所使用的物品偏离了真正的价值。由于人民的消费水平下降，美国的一些机构便实行了次级贷款的方法，刺激美国人民大肆消费，从而导致人们无力偿还贷款，也由此引发了美国的经济危机，进而使得这一危机在全球蔓延。从中我们可以发现，全球金融危机的真正原因是美国投机石油期货。而这次它从中却没有捞到任何好处，反而是搬起石头砸了自己的脚。

美国投机石油期货的原因就是石油是不可再生资源，且就目前的情况来看，石油在全球都处于匮乏状态。而美国抓住了世界其他国家对石油需求量迅速增加的机会，趁机抬高石油输出的价格，以便获取高利润。而美国这次金融危机，显然与石油是脱不了干系的。当油价低的时候，金融机构和一些贷款机构对消费群体持有高度的信心；然而油价上升之后，一切都变了，金融机构和次贷机构难以承受，于是就纷纷出现了破产倒闭的现象。对于一个国家来说，银行倒闭是经济出现问题时的一种正常现象，为何会演变成为一场世界性的“灾难”？从根本上讲，美国几家银行的倒闭并不能影响世界的经济，但是经济大国的国际银行倒闭，就导致了世界经济的松散，以致形成了一种人人自危的局面。在石油价格的不断涨跌之下，世界经济摇摇欲坠，而美国银行的倒闭，却在其中起到了“推波助澜”的作用。

“炒”石油却“炒”出了金融危机，美国的这种行径本意就是拖垮发展中国家，谁知“偷鸡不成反蚀把米”，如今经济的发展也受到了石油的制约。在石油危机没有解决、其价格没有稳定之前，要想实现经济的快速发展显然是不可能的。“热炒”石油几时休，只有拭目以待了！

CHAPTER 4

第四章

浴火重生

自20世纪20年代起，华尔街经历了历史上最为美好、最为糟糕的时代。先是以苦涩为开头的繁荣，随即又随着1929年10月29日股市泡沫的破灭，陷入了经济低谷。股票市场发展监管的缺失，需要政府和市场来平衡。在一次次的浮沉中，华尔街也经历着一次次的变革，并使华尔街在变革中不断向前发展着……

1. 罗斯福新政与交易管理委员会

●富兰克林·D. 罗斯福的登台

经济危机剧烈地冲击了美国的资本主义制度。1933年3月4日，罗斯福就任美国第三十二届总统。罗斯福在刚刚就任美国总统之后，立即用“新政”救治经济危机，希望通过新政将美国经济从水深火热之中拉出来。于是罗斯福政府于1933年3月至1939年间为克服1929～1933年的经济大萧条采取了一系列政策措施，历史上也用他的名字来命名《罗斯福新政》。1932年7月2日，罗斯福在接受总统候选人提名演说中，第一次提到了他的新政。

罗斯福在此时推出的“新政”并非一时的权宜之计，而是为了稳定资本主义制度而在资本主义经济体系中进行的一次彻底的变革。新政取得了显著成效。在新政的作用下，资本主义制度得到调整、巩固和发展；资本主义国家对经济的宏观调控得到加强；美国经济逐渐恢复过来，人民生活也得到了很大改善；美国政府的权利明显增强。新政可以说不仅在美国的历史上具有重大意义，其影响甚至波及世界资本主义的发展。

●《证券法》、《证券交易法》的相继建立

美国在经济上一直奉行的是自由放任的不干预经济政策，在证券发行与交易领域也是如此。在很长的一段时间内，这种自由政策在很大程度上促进了证券市场的发展。但是 19 世纪中期以后，美国证券市场开始出现一系列问题，例如，虚假信息四处传播、内幕交易与操纵股价盛行，许多中小投资者因此而倾家荡产、血本无归。或许正是因为之前的放任自流，在 1929 年市场上股票价格与价值之间出现了严重背离的状况，不堪重负的美国股市终于崩溃，爆发了历史上罕见的大规模的“股灾”，并波及到欧洲其他国家和地区，股市的崩盘在一定程度上催动了美国经济的萧条。

《证券法》和《证券交易法》

经历了 1929 年的股市大崩盘之后，美国政府意识到对股票市场不能再这样放任自流，开始对证券业进行有力的监管和干预，从广大投资者的根本利益出发。罗斯福在出任美国总统之后，联邦参议院金融与货币委员会曾经多次举行股票交易与证券市场实践听证会，共同研究和探讨经济危机与金融调控之间的关系。在此之后，为了防止上市公司任意发布虚假信息、对投资者进行欺诈，美国政府于 1933 年颁布了第一部规范证券市场的联邦法律《证券法》，1934 年又颁布了《证券交易法》，与其配套的规则和规定共同构成了美国证券监管的基本框架。国家监管证券市场的基本制度至此得以确立，广大投资者的利益至此得到

了初步保护。

《证券法》的核心就是信息披露，主要适用于证券组织发行，也就是证券从发行人那里进入一级市场。从根本上来讲，《证券法》是一部“披露法”，它确定了公司上市的强制性信息披露制度，确立了公司发行时的信息披露义务。它并不是要求一种证券要达到何种条件才能上市，而是强制性地要求发行证券的公司必须对即将发行的证券的相关重大信息进行充分、有效的披露，这些信息包括经营管理、公司财务情况以及发行证券的目的等等，防止证券发行中的误导、欺诈、虚假行为，以保证投资者理性地根据上述信息正确了解和判断投资风险。《证券法》建立了证券上市的“注册制”，同时确定了所有参与注册登记者必须承担错误陈述和遗漏重要信息的法律责任。因此，在此之后，只有证券发行公司按规定对所有事实进行完全披露时，才会被准予发行。

1934年的《证券交易法》确定了禁止内幕交易的规则，主要适用于证券交易市场，即二级市场。它规定即将在纽约证券交易所和美国证券交易所上市交易的证券公司需要向证券交易所和联邦证券交易委员会进行申请，并对相关信息进行披露。任何人在买卖证券时，不得将任何与交易有关的重大信息作虚假陈述或故意隐瞒，或从事其他与交易有关的欺骗行为，否则就构成证券欺诈，将承担民事或者刑事法律责任。它进一步规定了信息披露义务，即规定购买人在500人以上的并且发行总额在500万美元以上的任何证券，必须向联邦政府登记。对于位于美国本土的外国企业，如果证券的总发行额在500万美元以下，或者少于300名美国境内的投资者购买该股票，且该项证券交易不在美国证券交易所进行，那么就不需要向美国证券交易委员会登记。同时还规定，对于在联邦政府已经注册过的交易，证券发行公司仍然有义务在其发行的过程中以及在发行后定期向投资者或证券购买人提供有关该公司的商务或财务信息。

《证券法》和《证券交易法》是维护美国证券市场秩序的守护神，虽然它们的侧重点不同，但都是以保护投资者的利益和防止证券欺诈为宗旨。它对之后美国证券市场的健康发展起到了基石的作用。在之后的几十年中，经过不断的补充，一直沿用至今。它作为美国现行的证券法律，被认为是世界上比较完善的证券法律，在美国以及全世界证券法领域都产生了极大的影响。

●证券交易委员会的成立

20世纪20年代，由于证券市场上的公司不向投资者公开信息或者提供虚假信息而获得了巨额利益，结果导致美国1929年10月29日的股市崩盘，广大投资者的利益遭到巨大损失。于是美国国会分别通过了证券法、证券交易法，主要规范关于证券的流通和退出市场、信息披露和政府监管。美国证券交易委员会成立于1934年，一直致力于保护投资者的利益和保证金融市场的正常运转。

美国证券交易委员会

美国证券交易委员会是于1934年根据《证券交易法》而成立的，是美国政府专门负责金融监管的机构，其主席由总统任命。旨在监督证券法规的实施，是直属美国联邦的独立准司法机构，负责美国的证券监督和管理工作，是美国证券行业的最高监管机构。也负责监督美国的企业收购项目。该机构是在20世纪20年代末美国发生经济危机后创建的，目的就是恢复投资者的信心。委员会由5名委员组成，主席每5年更换一次，由美国总统任命。委员的任期为5年，在委员会中依次替换，每年的6月5日都有一次更新。在这5人中，总统要指派一名主席出来作为最高决策者。美国总统弗朗克林·罗斯福任命了约瑟夫·肯尼迪为首任证券交易委员会主席。为了保证交易委员会的独立性，委员会成员中不得有3个以上的人员来自同一个政党。美国证券交易委员会所订立的各种管理条例旨在进一步加强证券公司信息的充分披露，保护市场上最广大民众的投资利益不被玩忽职守和那些虚假信息所损害。

美国证券交易委员会成立之后，所有证券的发行不管以何种形式出现都必须在委员会注册；所有证券交易所都在委员会监管之下；所有投资公司、柜台交易经纪人、投资顾问及所有在投资领域中从事经营的企业和个人都必须接受委员会的监管。美国证券交易委员会在美国甚至全世界证券法领域都具有重要的示范作用。

2. 崭露头角的资本市场法律监管体系

●《格拉斯—斯特格尔法案》的出台

美国国会认为一个金融机构在从事投资银行业务的同时，也从事商业银行业务，它将会面对利益上的冲突，于是美国政府颁布了一系列针对银行体制改革的法令，旨在构建一个新的银行制度。因此在《格拉斯—斯蒂格尔法案》提出之后，就一致通过。

《格拉斯—斯蒂格尔法案》

1933 年 6 月 16 日，美国政府通过了《格拉斯—斯蒂戈尔法案》，又被称为《银行法》，决定在银行业与证券业之间建立一道“防火墙”，对银行业和证券业实行分业管理。《格拉斯—斯蒂格尔法案》对美国的投资银行和商业银行作出了明确的划分。银行必须在商业银行和投资银行之间做出选择，而不能同时从事商业银行业务和投资银行业务。著名的摩根银行被拆分为两个部分：商业银行业务部分演变为现在的摩根大通银行，商业银行中专门从事投资业务的人员从中分离出来，组建了专业的投资银行，发展为现在的摩根士丹利。第一波士顿公司从波士顿第一银行剥离出来。美林公司之前只是美国国内一个证券经纪和交易商，但是在此之后，不断发展自身业务，甚至将业务扩展到世界市场，逐渐成为一家全球性的投资银行。该法案缔造了美国真正意义上的投资银行业。

美国政府认为如果斩断了银行、保险、证券市场之间的联系，那么危机也会在此被打断，证券市场的危机不会波及到其他市场，也就避免了演化成整个国家的经济危机。《格拉斯—斯蒂戈尔法案》的确立，标志着美国分业经济制度的正式确立，也被认为是美国政府颁布的一系列银行体制改革法令中最有意义的一部法律。《格拉斯—斯蒂戈尔法案》是美国金融史上的一座里程碑，它标志着纯粹意义上的商业银行和投资银行就此诞生。它并不是经济危机催化下的偶然结果，而是经济发展的必然趋势。

投资银行的建立

1929年股市暴跌，人们第一次意识到商业银行投机活动对股票市场的影响。1933年，美国国会通过了《1933年银行法》，又被称为《格拉斯—斯蒂格尔法》，开始确立了银行业、证券业和保险业分立的制度，建立了美国分业经营的金融体系模式。正是这部法律划分了商业银行和投资银行的业务界限，从此银行不允许同时经营证券业务和银行业务，这就在商业银行和投资银行间设立了一道不可逾越的城墙，也将银行信贷资金自由流入股市的渠道彻底斩断。

投资银行虽然来源于商业银行，但是两者之间存在很多不同之处。商业银行所办理的主要业务是吸收储蓄、发放贷款，然后就在存款和贷款之间利用回报利差作为利润来源。而投资银行不吸收储蓄，也不办理贷款业务，其主要业务就是证券发行、证券交易、担任企业的财务顾问。J. P. 摩根银行中一些专业从事证券承销业务的人员因此离开摩根，创立了专门的投资银行——摩根士丹利。第一波士顿国民银行在《格拉斯—斯蒂格尔法》法的影响下，也作出了自己的选择，于是投资银行第一波士顿产生了。

●花旗银行的发展

早在1812年，华盛顿出任总统的时候，第一财政总监塞缪尔·奥斯古德和纽约的一些商人合伙创办了纽约城市银行。这家银行就是今天的花期银行的前身。其总部位于纽约派克大道399号，是美国最古老的商业银行之一。当时，纽约城市银行还只是一家在纽约州注册的银行。

在创建之初，主要从事的是一些与拉丁美洲贸易有关的金融业务。后来发展到1865年，根据美国国民银行法，它取得了营业执照并且正式更名为纽约国民城市银行。在此之后，纽约国民城市银行迅速发展壮大，并且成为全美最大的银行之一。

花旗银行

早在1919年，花旗银行就发展成为美国第一家资产超过十亿美元的银行。20世纪20年代花旗银行开始尝试开拓零售银行业务，到1921年的时候，成立了第一家专门针对个人服务的分行。花旗银行总是在发展的道路上不断探索，为自己注入新鲜的血液。1921年12月，花旗银行成为美国首家按复利计算储蓄账户利息的银行。1927年以后，纽约城市国民银行的中文名称更改为花旗银行。1928年5月3日，花旗银行又向储户推出另一项具有创意的业务，即无担保个人放款。花旗银行向前又迈出了一大步，于1929年和1930年，进一步加快兼并和银行扩展。花旗银行先后收购了农民信贷与信托公司和纽约美国国民协会银行，在此基础上成立了花旗农民信托公司，成为全球最大的商业银行。业务不断发展壮大，为满足业务发展的需求，花旗银行在交易广场兴建了摩天大楼。1930~1936年，当时的美国经济正处于大萧条时期，但是花旗银行仍通过在中国的业务收入维持了股息。1933年，美国政府出台了《格拉斯—斯蒂格尔法》，花旗银行同其他美资银行一样，也注销了其投资公司。1935年，花旗银行开始为小型企业提供月度支付贷款业务。1936年，在纽约市的银行中，花旗银行首开不需要最低存款要求的支票账户业务，到1939年，花旗银行在海外的分支机构已经达到100家，成为当时最大的国际性银行。随后爆发的第二次世界大战迫使花旗银行在欧洲及亚洲的许多业务暂时停止。

3. 现代投资银行的产生

●在1929年股灾中挣扎的美里尔

查尔斯·美里尔，美林证券创始人，一个天生的推销员，他轻而易举地在华尔街打开了局面，结交了很多朋友。第一次世界大战爆发之后，美里尔先生离开华尔街应征入伍，成为美国空军的一名中尉。战争结束之后，他又回到了华尔街，依靠贷款组建公司，并且经营状态良好。在20世纪20年代初，他并不是一个成功的经纪人。但他却能够在所有人都疯狂冲进股市的时候，冷静地保持着清醒的头脑，这却不是任何人都能够做到的。他一直担忧着股市的崩盘，但是却没有人相信他的言论。后来，历史用事实向人们证明了美里尔的预测，他是正确的。

查尔斯·美里尔

1885年10月19日，查尔斯·美里尔出生在佛罗里达州的绿湾泉。他的父亲是一名乡村医生，所以年幼的查尔斯·美里尔就一边分发报纸，一边还要在药店打工。完成学业之后，查尔斯·美里尔在由纺织品制造商设立的纽约办事处工作了很短一段时间之后，就真正进入最终使他成为国家趋势主导者的事业。他进入一家商业造纸机构，以出色的表现在很短的时间内就升为公司债券部门的主管。美里尔一丝不苟的工作方式使他在公司获得了更高的报酬。但是，他的梦想就是拥有一家真正属于自己的公司。他的努力没有白费，终于在1914年1月3日，潜在客户收到了查尔斯·美里尔公司成立的通知。查尔斯·美里尔的办公室是从别人的公司租来的一间坐落在华尔街的房间。他创立的新公司在初期苦苦挣扎，第一次世界大战的爆发，使得美里尔不得不离开华尔街参加战争。战争结束之后，他又回到华尔街重新开始自己的事业。经过努力，他和他的同事们成功地承购包销，也赢得了人们的信任，渐渐地，他们被称为代理普通股包销和个人投资普通股包销方面的专家。在股市大崩盘之前，也就是1928年，美里尔和号称“崩盘预言家”的罗杰·巴布森感觉到了股市灾难的到来。他们这样的思想在当初华尔街的股市大浪潮中是绝无仅有的。当时，美里尔并非众所周知，所以他的言论自然也就没有太大的说服力。但是他并没有因此而放下自己没有分量的警告，相反，他非常确信当前股市中这种让人眩晕的狂喜不会持续很久的时间。他以公司发言人的身份频繁演讲，同时在他公司的外面贴上了市场公告，劝说他的客户“现在是抛售的大好时机，我们建议您售出足够的证券以减轻债务，或更好的方式就是全部卖出。”这样的劝说显然在股市大浪中被淹没了。正是因为他当初在股市中灵敏的判断和独特的理念，才会做到对股市崩溃时间的准确预测，这使得美里尔先生为他的客户赢得了600万美元。很多公司都在股市大崩盘的时候纷纷倒下，但是他的公司却依然处于市场的最佳位置上，他的公司在1929年10月的股市崩溃中没有亏损一美元。

1929年，华尔街的股市大崩盘，在随后经济大萧条的几年时间中，美里尔为他以前曾经帮助承销过其股票的那些连锁公司做顾问，依靠他在股票市场上的知识和经验在混乱的华尔街到处忙碌。也就是在这个时候，善于思考的美里尔发现，连锁店是一种非常有效的商业模式，一个想法在他脑子中突然闪现，那就是把这种模式借鉴到证券业务中去。于是，在股市回暖后，美里尔又回到华尔街，开始自己伟大的尝试和探索，于是，影响至今的金融巨头美林证券诞生了。查尔斯·美里尔和他的同事还创立了食品连锁店，并且发行杂志作为副业。他们在食品连锁和杂志发行这两方面都同时取得了巨大成功。

美里尔先生在1944年突发心脏病，之后身体一直没有康复，所以就处于半退休的状态。他将自己积累的财富广泛用于国家教育事业和宗教组织。美里尔在70岁时，因心肌梗塞之类的并发症去世。

●美里尔将连锁店经营模式与金融专业经营的概念首次引入华尔街

1914年1月7日，美里尔当时正在纽约市华尔街7号满腔热忱地经营着自己的事业。几个月后，他的朋友爱德华·林奇加入了他的公司，于是在1915年他正式将公司更名为美林。20世纪20年代，美林公司不仅在纽约设有办公室，与此同时，在芝加哥、丹佛、底特律、洛杉矶等城市也设有办公室。

美林帝国

从美里尔对业内的深刻了解和他独到的眼光和思维来看，他认为有两点至关重要：诚信和完全信息披露应该是证券行业的原则，因为只有这样才能恢复公众的信心，使公众敢于投入市场；另外，证券公司必须要了解不同客户的财政状况和风险承受能力，并通过提供适合客户的投资计划来真正拓展市场。当股灾中投资者的利益受到损害的时候，投资者都将所有的矛头指向了证券公司。因此，美里尔率领美林开始了一场改造华尔街的运动，他用自己的实际行动来扭转整个证券行业在民众眼中的不良印象。

美里尔在经过详细的市场调研和客户分析之后，推出了客户经理制度，这是一种新的经纪业务模式。美里尔发现客户经理的收入主要来源于证券买卖时所取得的佣金，这就意味着他们有极强的动机去鼓动客户进行频繁交易。至于这些交易是不是符合客户的最大利益，很多客户经理也就只是将自己知道的小道消息传达给自己的客户而已。这些客户经理诚实守信，工作卖力，但也只是传播谣言的工具。研究成为了美林的专长——帮助投资者捕捉有利的投资机会，而不是兜售美林承销的股票。美里尔新推出的这种客户经理制度替代了以往的“万能经纪人”经营方式，它具体是这样的一种流程：由专门的销售代表去负责开发客户，公司会根据客户的情况，对客户进行分类，然后按照客户的类型将客户分配给各有专长的客户经理负责管理。这样做的好处有很多：首先，各种各样的客户都能得到最好的服务，同时，又能使不同雇员的优势得以充分发挥。另外，客户也不会因为个别经纪人的影响而失去了对整个公司的信任和忠诚度，避免了客户的流失。另外一个质的改变就是：这种客户经理制度将经纪人原来根据客户交易提取佣金的制度改为固定年薪制。这样一来，经纪人就不会因为利益的驱动而鼓动客户频繁交易，这在一定程度上减少了客户对经纪人的怀疑。美林的经营方式，连客户也闻所未闻，而取得的成绩又为整个经纪行业树立了标准，重新赢得了公众对证券市场诚实性的信心。美里尔同时还对自己公司的人员进行严格的专业培训，让自己的工作人员掌握业务必需的专业知识。这在当时美国的证券业中是前所未有的，美里尔就是敢于第一个吃螃蟹的人，他将美国证券业中原有的一切彻底改变。在此之前，华尔街对教育背景的要求很低，经纪人的执照资格考试也不严格。美林的政权人员都要经过严格的培训，然后为客户提供优质的服务，这无疑改变了当时证券经纪人在人们心目中的印象。经纪人总算为自己洗清了名声，他们和医生、律师一样，成为受人尊敬的高尚职业人士。美里尔用自己的努力向美国民众灌输了一个专业、诚信的金融行业的概念，将资本市场从一个少数人的游戏变成了大众的投资场所，使证券走入了中产阶段，走入了千家万户。在公司的第一次分公司经理会上，美里尔这样说道："你不能欺骗信任你的人。"美里尔的这一信念也影响了他的员工，从此，信任可靠以及低收费成为了美林公司的两大口号。美里尔的努力不仅把在经济大萧条中流失的客户吸引了回来，而且还把更多的普通民众都吸引到股市。很快，美里尔就在全美范围内建立起了自己的网点。当时，太多的人都是站在证券投资的门外，不敢迈进，但是美里尔却将这些都一一改变。美里尔提出帮助中等收入的个人依靠股市变得更加富有，而不仅仅是让富人变得更为富有。美里尔坚信，他的公司能够说服那些站在证券投资门外的人们成为市场的参与者，并为他们创造和积累财富。

1930 年，美里尔开始向投资银行领域进军，并且取得了巨大成功。1940 年，美里尔公布了美林的年报，并对公众广为散发，成为少数几家公布年报的券商之一。当时，无论是经纪行业还是投资银行，都习惯于把自己掩盖起来，即使一向都坚持规范原则的美国证券交易委员会，也从未提出过信息发布的要求。但是美林却惊人地将自己亏损了 30 万美元的账本清晰地展示给了公众。这样的做法引起了轰动，但是并没有降低公司的信誉，反而打消了客户及潜在客户对公司诚信度的怀疑。同时，他还决定美林要迎合不论大小的所有类型的客户，将信任作为公司的宣传重点。"信任"成为美林的一个操作口号，美里尔用实际行动表明，透明的运作并不是坏事。当时证券业的其他竞争者对此嗤之以鼻，但是不久之后他们就发现了美林这样做的绝妙之处，从此就纷纷开始效仿。

美里尔推出的新经营模式很快取得了巨大成功。美林公司发展到 20 世纪 40 年代末期的时候，已经成为华尔街上最大的经纪公司。他的成功迫使华尔街其他很多经纪公司也采用其业务模式，而很多作坊式的小经纪公司也开始走向衰亡，全国性的经纪公司迅速崛起。可以说美里尔是现代经纪业的鼻祖，美里尔及其公司成为证券界和银行界无人不知、无人不晓的名字。

●80 年后的今天，美林被收购

美林不断发展壮大，逐渐成为全球领先的财富管理、资本市场及顾问公司。它的分公司和代表更是分布在全球的 6 大洲 37 个国家和地区。美里尔去世后，美林发展到 20 世纪 70 年代中期的时候，已经成为华尔街排名第一的证券商。在之后竞争愈加激烈的证券行业，美林始终站在这一位置上，从不曾动摇过。在主承销商和参与承销商的名单上，美林更是稳稳地扎住了脚跟。

2008 年，被美国银行收购

员工达 6 万人之多的美林通过提供一系列的金融服务，来满足个人以及机构投资客户的需要，在全球有超过 700 个办公室及 15700 名财务顾问，旗下所管理的客户资产总值达 1.7 万亿美元。然而就是这只在财富界的大鳄，命运却在新世纪的今天发生了巨大改变。

美林集团提供个人理财计划、经纪证券买卖、公司顾问、外汇与商品交易、衍生工具与研究等一系列服务，作为投资公司也是处于世界顶尖级的位置。在过去的一个世纪中，美林在风雨中度过了多次经济危机，但是2008 年美林却没有能够走过去。美林公司受美国次贷危机的影响，陷入困境，亏损惨重，于 2008 年 9 月 14 日与美国银行达成协议，以440亿美元被美国银行收购。据美国媒体报道，美国联邦储备委员会已经正式批准美国银行收购美林公司的交易。美国银行在2008年9月15日已经向公众发表了声明。这样的消息宣布之后，立即就在全球引起了轩然大波。难道这样一只金融巨鳄也无法躲过信贷危机的袭击吗？人们对美林公司在这次经济危机中的翻船唏嘘不已。根据《华尔街日报》披露的合同细节，美国银行收购美林公司的价格约合每股29美元，比美林公司12日每股17.05美元的收盘价高出了70%。据透露，美林证券是在美国联邦储备银行的压力之下被迫出售的，因为美联储担心美林将成为雷曼兄弟公司之后又一个次贷危机的牺牲品。如果说雷曼兄弟公司在这次的经济危机中被判死刑的话，那么美林则是被判死缓。美林被收购对于中国来说，带来的影响要比美林破产小一些。这是美国银行第二次在经济危机中收购垂危的对手，这次的收购无疑将美国银行推上了全球银行业的霸主之位。

4. 华尔街的笑与泪

●20世纪中叶后的华尔街

1960～1969年的华尔街一片繁华景象，股票持续上涨把许多人变成百万富翁，投资银行的收费飞速上涨，但是其后的股市风波影响了许多公司，同时，这也表明华尔街并购业务的形势一片大好。

在这个时代，成长的华尔街精英们都是华尔街的一个缩影，其一举一动都代表着华尔街的发展和变动，是华尔街发展的缩影。

聪明的犹太人

1933年3月，在纽约布鲁克林一个犹太移民家庭里，这一对犹太夫妇迎来了他们的孩子，孩子长得非常可爱，他们为孩子起名叫桑迪·威尔。他也就是后来全球最大的金融公司——花旗集团的前董事长。

桑迪·威尔能够取得后来如此巨大的成就与他的聪明才智分不开。在桑迪·威尔22岁那一年，他从常春藤盟校康奈尔大学毕业，主修的课程是冶金工程，目的就是为了以后进入父亲马克斯·韦尔创办的一家小钢铁公司，帮助父亲。但是也就是那一年，他的父亲变卖了钢铁公司，带着款项抛弃了他们母子，消失不见了，在同学们都在筹划着自己的锦绣前程时，桑迪却面临着一个支离破碎的开始。但也有令桑迪感到欣慰的，那就是在1955年，他与校友莫舍尔结婚，使他以后惊涛骇浪的职业生涯有了宁静的港湾。

20世纪中叶的华尔街正是"赚钱的乐土"，但是这个世界还不属于桑迪，因为金融界的人对犹太人存在偏见，那时银行家通常都是来自于社会中一个非常小的圈子，男性、白种人、绝大多数都是清教徒、北欧后裔，而且几乎全都非常势利。身为东欧犹太人后代的桑迪需要迈过去的第一道门槛就是这个。桑迪花了很长的一段时间找工作，终于在华尔街谋得了第一份工作，在华尔街颇有影响力的贝尔斯登经纪公司后台找到一份"跑腿的"工作，顾名思义，实际上就是一个票据交换员。在这里，桑迪很快发现了自己的天赋，自己对数据有着天生的兴趣和爱好，喜欢思考它们的变化。于是后来他报考了经纪人考试，利用后台工作的业余时间努力学习，一年后，他通过了考试，成为了一名公司的注册交易员，真正踏进了这个行业。

1956年，桑迪的投资才能已经见长，觉察到贝尔斯登公司的业务有其局限性，因此他带着稳定但规模很小的一部分客户群转投伯纳姆公司。这一年，他看好市场，并通过向客户提供新的金融产品，为公司带来了丰厚的赢利，他个人从中获益8000美元。

桑迪得到了伯纳姆公司的创始人塔比·伯纳姆的赏识，于是1960年5月，桑迪在其支持下，凭借自己的努力和出众的才华，从母亲那里借来3万美元同其他3个合伙人建立了西尔森证券经纪公司，接下了伯纳姆公司的后台业务。或许是犹太人的天性，威尔非常喜欢资本运作，而那时候他的工作就是想办法帮别人赚钱，正投了自己的爱好。

与此同时，得天独厚的条件使桑迪对于股票价值的分析天赋在这个新生公司中得到了最大限度的发挥。桑迪的公司通过向客户推荐具有未被发现价值的小公司股票而获得客户的认同，渐渐在这个领域中占得了一席之地，后来公司还被赋予了“技术分析精英”的美称。1961年，由于公司技术分析上的成就，西尔森证券经纪公司有机会参加了由高盛组建的关于布罗瓦公司的辛迪加，尽管当时也只是分配到业务总量的1.9%，微不足道，公司的名字也没有出现在这个辛迪加发布在《华尔街日报》的广告中，但是这依然表明公司取得了巨大进步，因为这是华尔街对公司存在的一种承认方式。

作为一个领导者，桑迪·韦尔是一个成功者，他看到了变迁岁月里的风向标，并做出了相应的应对措施。20世纪60年代，当多数管理者陶醉于牛市之时，桑迪·韦尔早就明白好景不长，为即将到来的股市风波做好了准备：他们放弃了流行的公司合伙制，取之以公共持股模式，让这家幼小的公司具有良好的资本来源和稳定的财务结构，成功度过了这一艰难困苦的时期。

华尔街20世纪下半叶的缩影——桑迪·韦尔

桑迪·韦尔是一个典型的华尔街故事。当他进入到这个行业之时正是华尔街繁盛的时期，而他的职业生涯的历史就是华尔街原始竞争的尾声，他正是推动华尔街历史的手。他事业上的发展是华尔街20世纪下半叶的缩影，是社会发展的一个浓缩，是金融领域发展的一个反应，他代表了一个时代的发展。

1969年慢慢的到来了，也伴随着1960年后繁荣的牛市结束，开始步入到华尔街的萧条时期。在这个金融领域，不堪冲击的竞争对手纷纷倒下台来，桑迪和伙伴们的公司却奇迹般地生存下来。公司不仅生存下来，而且是越发地茁壮，开始变革、扩张，大肆并购企业，迎来了公司的发展期。

1969年麦克堂纳公司在3月13日倒闭，原因是由于后台业务经营不善，导致运作不善，不得宣告破产。夏天到来时，以肯尼迪家族为背景的海斯顿公司也出现了危机，许多公司在此时纷纷倒了下来。1970年9月10日，桑迪·韦尔的公司在审视了公司的情况之后，以蛇吞象的方式兼并了海斯顿，并以CBWL-海斯顿为名替换了原来的公司名称，此次并购让桑迪的公司规模扩大了30倍。之后，桑迪·韦尔又领导一系列大胆收购，使公司成为当时美国最大的证券公司之一。其实，桑迪只是当时华尔街上的一个特殊的个体，这个时期也正是华尔街并购业务一片繁华的阶段，桑迪只是其中的一员罢了。

通过对海斯顿的并购案，桑迪和他的合伙人获得的不仅仅只是金钱上的报酬，同时他们还获得了庞大的机构网络和巨大的声誉，以及一个著名的公司品牌。公司的规模在不断地壮大，因此公司的内部机构也越来越复杂，同时公司内部的权力斗争也在不断地激化，就连公司外部的竞争也无法掩饰内部斗争的硝烟。1973 年 8 月，桑迪在与合伙人科根的竞争中胜出，成为了公司的 CEO，获得了真正领导公司的权力，这一年，他 40 岁。上任后，桑迪就进行了改革，把公司正式更名为海斯顿，去掉了 CBWL，使 CBWL 成为过去，而这个内部权力斗争也丧失了它最后的一点痕迹。

在桑迪坐稳了这个职位之后，马不停息地开始下一轮并购，此时他把并购的目标指向了拥有 74 年历史的私人零售经济业务公司——西尔森 - 汉米尔公司。经过 12 轮谈判之后，1974 年 9 月华尔街第五大公司西尔森 - 海斯顿公司宣布成立，它的成立甚至引起了国家反托拉斯机构的注意。从此以后，桑迪在华尔街出名了，被人称为是“无情的肉食动物”，他的名字甚至传到了大洋的彼岸。

这个时期华尔街盛行着并购热，同时桑迪也经历了他个人生涯的第一次失败。1977 年，桑迪领导的西尔森 - 海斯顿公司对以拥有强大金融客户闻名的投资银行库恩理博公司进行并购，却不敌于雷曼兄弟，最终惨败。

此次失败没有阻碍桑迪的脚步，他依然勇敢地向前挪移着，1979 年 5 月，西尔森 - 海斯顿与洛布罗兹公司开始并购谈判，最后并购谈判获得圆满成功，成立了以西尔森 - 洛布罗兹命名的公司，该公司成为华尔街上仅次于美林公司的第二大证券公司。

在整个 20 世纪 70 年代，华尔街上可供记忆的就是并购热，而桑迪所领导公司也是一样，公司的规模在不断的并购中日益强大，也到了自由竞争时代的末期。接下来，为了完善华尔街的秩序，华尔街的壁垒日益提升，只有那些规模庞大的投资银行才有可能在这里生存下来。纵观华尔街的历史，20 世纪 70 年代的华尔街烽火四起，纷乱不断。而 20 世纪 80 年代，则是“大型肉食动物”横行的年代，它的起源是保证保险公司与 BHSS 证券公司的合并，打破了 20 世纪 70 年代公司之间平行兼并的坚冰，新成立的 ROCK 公司横跨保险和投资银行业务，“一切都已经改变了”，敏感的投资银行家们都意识到了这一点。

20 世纪 80 年代，这是一个弱肉强食的年代，桑迪也遭遇了被兼并的命运。桑迪身上的傲慢气质和西尔森公司的企业精神吸引了詹姆斯·鲁宾逊三世，这位哈佛精英出身名门，负责着美国运通公司的并购业务。美国运通公司的资金实力及服务高端客户的气质在全球享有盛誉。25 亿元资金的西尔森与拥有 200 亿元资产的运通相比，简直是小巫见大巫，不可同日而语，运通对于西尔森来讲，就如同一个庞然大物。于是最终在 1981 年复活节前的那个星期五公布了并购方案：运通出资 10 亿元收购西尔森。

桑迪的个人风格不适合运通公司，但是在这里，美国运通不仅仅给他带来了巨额财富，还使他过上了富裕显赫的生活。但是桑迪渴望的是拥有权力的快感，在这里得不到，宁愿选择离开。

从桑迪个人的事业发展上体现了 20 世纪华尔街的变化，他本身的发展就是一部华尔街的变动史。

●1970 年，华尔街沸腾起来了——股市面临大崩盘

“一个到离住处不远的银行兑换半个月一张的薪水的人，如果放在以前，每次拿出的支票面额都是每张 300～400 美元的，而如今他只能拿回家 150～170 美元。”一名钢铁工人联合会的组织者曾经如是说道。

一名头发个性，性情张扬的 22 岁年轻人则这样描述经济衰退的影响：“留着长发的人不得不为了生活，放下面子，为狗一样低贱的工资而工作。没有任何地方会雇用他们，整个经济都处在萧条期，于是他们只能断断续续地工作。拿着每小时 1.75 美元的工资，还得认认真真、

兢兢业业的。就像黑人一样，拿着微小的工资，干着苦不堪言的工作。”

这就是20世纪70年代经济大衰退时的写照，由于股市面临着大崩盘，整个经济都显现出危机。20世纪70年代与1929年春末非常相似，这两个时期，全美都出现了经济衰退甚至全面萧条的迹象，但两者至少还是存在一个巨大的区别。20世纪20年代的那次危机中，整个美国都处于狂热的股票投资之中，并没有因为它的瓦解而兴趣降低；20世纪70年代的这次股市崩盘却使投资者的情绪冷却了不少，有种宿命的情绪存在脑子中，在这次的股市中，华尔街不仅遭受了股票价格的下跌，还历经了交易量的下滑。

华尔街股市小传

股市有风险，投资需谨慎。每个投资者对此都深有了解，但是却总是在看到身边的朋友投身于其中时跃跃欲试，总想在其中捞得自己的财富。炒股，需要斗智斗勇，斗心理。只有将这些了解、掌握，才能在股市的浪潮之中如鱼得水，游刃有余。对于股票的狂热，人们一直都没有降低，但是却不知道为何他人总能赚钱，而当自己投身到其中时，却已到了赔钱的时候。下面看看发生在华尔街上的故事，就能够了解股市的情况。

在华尔街上有两个卖包子的，假设只有这两个在这里卖包子，他们被人称为包子甲和包子乙。这里的市场暂时没有物价监管局管理，秩序是靠他们私下维持。两个人的包子制作成本有限，只要卖一元钱就可以保本（其中已经包括了他们的劳动力价值），并且他们两人包子的数量一样多。

现在的经济模式就是这样了。两人一起站在华尔街上叫卖着自己的包子，但是他们的生意都非常得不好，无聊地站了半天，一个买包子的都没有。

这是的市场处于不活跃的时期。为了将市场搞活跃，包子甲对包子乙说，我们来玩个游戏吧！于是乙赞成了。

他们的游戏开始了……

甲用一元钱买了乙的一个包子，乙也同样以一元钱买了甲一个包子，两人都是现金交付。

于是甲又用两元钱买了乙一个包子，乙同甲一样，也用两元钱买了甲的一个包子，还是现金交付。

甲再花三元钱买了乙一个包子，乙也花三元钱买甲一个包子，同样现金交付。

……

从整个市场来看，包子的价格在飞涨，不一会就涨到了 70 元一个。但是甲乙手中掌握的包子数量还是一样多少，他们谁都没有赚钱，也都没有赔钱，好像什么都没有变，但是还有些东西默默地改变了。甲乙两人的资产（也就是包子）据重新估算“增值”了，两人拥有比过去高出数倍的“财富”，身价也提高了，“市值”增加了许多。

这时从他们站立的华尔街上走过来一个路人丙，路人丙记得半个小时前从这里路过时包子还只是一元一个，怎么现在就变 70 元一个了，非常奇怪。但是没有做声，默默地走开了。

又过了半个小时，路人丙从这里经过，发现包子已经高达 100 元一个，他惊讶了，但是还是看看走开了。

一个小时过去了，路人丙赫然发现现在的包子已经达到了 120 元一个的价钱，于是他毫不犹豫地买了一个，因为他是一个靠投资和投机赚钱的人。以他多年的经验来说，包子的价格还会上涨，并且上涨的空间非常大，在自己的脑子中他也给出了200元的“目标价”（在股票市场，他叫股民，给出目标价的人叫研究员）。

从华尔街路过的人看到甲、乙、丙都在包子上“赚钱”了，于是纷纷加入到了购买包子的行业中，参与买卖的人越来越多，包子的价格在人们的哄抬中节节攀升。这时每个人都非常高兴，但也有人开始奇怪了，好像所有人都没有亏钱。

那谁又赚钱了呢?

可以从资本的多少来考虑，这时甲、乙两人谁手上的包子少，也就是谁的资本少了，谁就赚钱了。而参与到购买中的人，谁将包子卖出去了，谁就真正地赚到了钱。而将包子买了的人却又都在后悔，不应该将包子卖的那么早，因为包子的价格还在飞速的上涨，他们错过了更好的赚钱机会。

那谁亏了钱呢?

可以说谁都没有亏钱，因为卖出包子的人已经从中获益，而持有包子的人手中掌握着大家公认的优质等值的资产，那些比现金还要好。因为银行的利息没有股市上的价格涨得快，还不如持有包子。这时由于包子的市场一片良好，又有人开始思考了，现在市场上的包子看起来供不应求，是否可以买卖包子期货？于是认购权证出现在了股市之中。

但是，疑问还是存在的，买包子永远不会亏钱吗？从市面上来看，好像是这样的，但是什么事情都不可能是绝对的。

那么什么时候大家会亏钱呢?

其一：上面提过，这时的市场上还没有物价部门监管，完全是自由式的，哪一天物价部门突然来了，发现一个包子竟然卖到了几百元，甚至上千元一个，完全超出了其价值（一元钱），用强硬的手段将包子的定价规定在一元钱一个（监管）。

其二：做包子的人多了，市场上同类产品非常多，并且价格都定在一元钱一个（同样题材）。

其三：人们发现在这个市场上不是只有包子才可以玩这个游戏，其他商品一样可以达到这样的效果，于是转投到其他上面（发行）。

其四：蜂拥而来的人发现这只不过就是一个包子而已，热情下降（价值发现）。

其五：看着众人拿着一个包子买过来、卖过去的，厌倦了这种游戏，再也不想玩了（真相大白）。

只要上面任何的一种情况出现了，那么就是有包子的人亏钱的时候。而只有那些占有少部分包子的人赚了钱。

卖包子的故事非常简单，每个人都认为买包子的人都是傻瓜，但是傻瓜的故事却依然还在华尔街上演着，经久不衰，每天重复着。当一切上演的过于严重，也就是这个中间有一个环节出了问题，出现股市崩盘，那么危害将是非常严重的，可以说是毁灭性的。牵连在其中的人实在是太多，他们的金钱都将在股市的泡沫中化为无影。

股市崩盘前的恐慌

1970 年的华尔街沉浸在一片恐慌之中，华尔街的交易市场中，每个人盯着一直下跌的股价脸色发白，手脚颤抖，这是继本世纪 20 年代之后又一次股市大崩盘。连半个世纪都还没有过去，沉迷于股市中的投资者心脏又经历了一次打击和考验。

从 1970 年年初，道琼斯指数已经下跌为 800 点左右，比 1969 年年初下降了大约 15%，整个一月都令人喘不过气来，每天心惊胆战，痛苦挣扎。但是市场依然不见好转，股价还是在缓慢而无情地下跌，到 29 日，道琼斯指数降至 768 点，达到 3 年来的最低点。直到 2 月份和 3

月份时，才出现了微弱的反弹，但是市场上的交易量还是没有增加。

在1970年3月纽约出现邮递员罢工期间，美国证券交易所的交易量日复一日地创下本年最低纪录。到了4月份时，股价下跌的速度突然加快，4月22日，电子数据系统公司股票出现突然而神秘的崩盘，罗斯·佩罗遭受历史性的损失。而在两天之后，道琼斯指数也缩水至750点，而在交易所内的所有交易股票差不多都跌至到了全年的最低点，而道琼斯指数还在一直下跌，甚至已经有人已经悲观地认为它将会跌至到700点一下，还可能会低于这个估计点。这个股票市场都不景气，没有人胆敢预测股票以后的情况，只是胆战心惊地看着不停下跌的指数，却无能为力。

而那些经历过了1968年和1969年每天高达数百万股交易量的经纪公司，由于成本高昂，在此交易量的情况下，连成本和佣金都赚不到，股票交易所的日交易量必须达到1200万股才可以。每个经纪公司都处于快速亏损的状态，艰难地维持着每日的工作。眼见着股票每天都在下跌，在1970年的4月的第一周，证券交易委员会开始对所有1000股以下的交易收取附加佣金，这一举措立即引起了小投资者的不满，认为对他们不公平。无论如何，一切都在艰难地进行着，这是每个股民都必须面对的。

1970年的股市令许多投资者在其中尝到了苦果，因为一年半内的3000亿美金的损失都分别摊在了3000万个投资者身上，让他们来承受这一切。这次股市崩盘是投资组合奇才们搅拌客户资产酿成的苦果；是富有创造力的会计师们编造的盈亏线故事酿成的苦果；是每周两股的承销商向股市倾倒垃圾股票酿成的苦果；是为了快速赚取佣金充当掮客的股票推销商酿成的苦果……

无论是股市上还是股市之外，都弥漫着紧张气氛，1970年的经济也表现出明显的衰退迹象。据美国劳工统计局的报告，在1970年的10

月份，全国劳工失业率高达5.2%，而其中年龄不到20岁的黑人男性失业率比一般人的失业率更高，为34.9%。同时衰退一直在继续、在蔓延，已经开始向经济领域的上层蔓延。在以往的任何时候，经济衰退的影响从来没有波及富人，他们总是有大把的金钱去享受，但是这次他们依然躲避不了，也成为这次经济衰退中的受害者，甚至经济衰退的潮水吞没了中产阶级。

社会的各个角落之中都显示着由于股市崩盘而表现出的经济衰退迹象。

由于受到经济衰退和股市的影响，航空公司预计全年可能至少损失一亿美元，因此将以前的奢侈服务全部取消了：以前的牛排用三明治来代替，而毛巾也从柜台上取了下来，为顾客提供纸巾，每次可以在空中享受的电影也被取消了，对于食物都换成普通的、可供维持饥饿的种类，不再供应昂贵的澳大利亚坚果制成的小吃。

普通的公司之中，每天都有人从自己的岗位上离开，带着自己少的可怜的薪水走在大街上，或者领着微弱的工资，仅仅维持着自己的生活。例如，在马萨诸塞诺顿公司开始削减经理和白领员工的薪水，有些被削减了15%的薪水，这是一个庞大的数据，但是为了在这个艰难的时期有一份工作，员工都考虑在此维持。

到了1970年年末，也就是11月份的时候，经济衰退的迹象更加明显。在纽约，申请福利救济的非波多黎各白人越来越多，增加得非常快，比黑人和波多黎各人增加得还快，令人不可置信。而在另外一个地方——纽约州就业服务中心的专业人士就业中心，要求领取失业救济的专业和管理人士在一年内增加了两倍还多。一切都没有表现出转好的迹象，一直这样持续着。

经济萧条还在蔓延着，人们开始对此做出自己的回应。越来越多的股票经纪商为了减少开支开始开出租车，会计师也接受了锐减的工资，甚至有人自己提出降低工资，只要求能够继续呆在公司。1970 年 12 月，大学里的就业指导员开始向毕业生告知职位的大幅减少，并警告他们对第一份工作挑挑拣拣的日子结束了。校园招聘减少，前来招聘的大企业锐减，硕士和博士毕业的人士也开始为自己的前途考虑，将目标降低，只希望能够在这个时期找到一份糊口的工作。

诸如此类的事情一直发生着，虽然还没有出现集体排队领面包的情况，但是人们在日常的生活中已经是在以面包生活，而不再是美味的蛋糕、糕点、苹果。1970 年下半年，美国经济一直在艰难中慢慢向前前进。而华尔街，则表现出陷入不可逆转的破产迹象，美国证券市场即将进入完全的社会主义。

●1987 年，黑色星期一

1987 年 10 月 20 日之前，美国的一切看起来都是那样平静，没有任何的风波，但是到了星期一时，道琼斯工业平均指数毫无预警地下跌至 508 点。计算机此时已经在华尔街的交易中普及，许多的止损单被经纪人输入到计算机后，就转身逍遥去了，当股市因此出现恐慌性抛售时，计算机中不断有预先设定的止损单被启动，计算机的抛售行为开始比投资人变得更加恐慌和疯狂。看着股票市场上不断出现的恐慌抛售，却不知道这些抛售行为都是从那里而来的，但是这些却都给投资者施加了压力，开始疯狂地抛售手中的股票，于是一场影响全球股市的灾难由此而起。

这就是 1987 年令人难忘的黑色星期一，也是历史上难以置信的一天。因为此次的股市下跌并非是因为市场影响而起，那儿没有市场，却形成了“自由下跌”之势。投资者不管不顾，只希望将手中的股票一抛而净，换成可以变现的任何东西，其他可以引起股票上涨的任何因素都不再考虑。

记忆深处的“黑色星期一”

经历了1929年那次股市灾难，美国证券业开始反思自身，一系列可行的证券法律被美国政府制定出来，以维护美国的证券市场。令人欣慰的是，这一系列法律构成了美国证券市场严密的监管网络，使美国证券市场更加完善、严密。于是在第二次世界大战之后的42年间，美国股市没有发生任何大的动荡，世界股市也一片繁荣，直至1987年结束。

也许是正常的股市行情麻痹了人们，一直沉浸在美好的生活中，好像1929年的股市风波并未发生过，或者这种重大灾难不可能再次光临人间，对紧接而来的股市浩劫没有一点预见和防范。

1987年的10月，美国华尔街又掀起了一场浩劫，华尔街股市在10月19日这一天毫无预警地下跌，该跌幅影响了全球股市。

1987年10月19日这一天，约翰·菲林像往常一样早早地起来，梳洗完毕来到了工作的地方——纽约证券交易所。他是该交易所的主席，每天早晨七点左右他就来到办公室，今天也不例外。这时，约翰·菲林的办公室被打开了门，一名市场部值班人员为他送来了一份情况报告，这是一份电脑自动交易程序中接单的情况报告。报告中显示，交易量高达上亿元，而且大部分都是卖单，就连值班人员都忍不住惊叫到：“我从来没有见到过这么多的卖单，好像全部卖单都集中到这一天，好像没有任何人来买股票。”

交易所是9点半正式开盘，但是由于股票的交易买卖严重失衡，使股票的市场结构受到严重破坏，已经无法正式开盘了。约翰·菲林想了解此时股票市场的情况，于是想要计算拥有300万股的IBM公司的现行情况，因为它的股票在市场上一般都是人们追捧的对象，价格起伏一般仅在15美元左右，偶尔波动大点，也只是到35美元，这已经属于异常情况，于是约翰·菲林请了专人来计算该股票，却惊讶地发现，此次一开盘已经比上周五下跌了10美元。整个市场的严峻形势由此可见一斑，约翰·菲林开始为此担心不已。

约翰·菲林看着计算得出的结果，警觉到了股市的变动，于是当机立断，要求华尔街最大的十几家证券公司董事长10点整去开会，征询他们是否能够坚持开市的意见。当时的股票形势非常严峻，如果坚持开始，那么股价还会持续下跌，而作为专业的股票商只能买进，不能卖出，周转资金很快会告罄。但是若停市，投资者中可能会有人对市场不抱信心，那么后果更不堪设想。考虑过后，两害取其轻，最终决定还是开始。

当交易所每天的开盘时间已经过去了一个小时之后，交易所宣告开市，所有的股票全部开盘。但是开盘没有多长时间，道·琼斯指数显示下跌100多点，震荡着全世界股民的心。

又过去了15分钟，股价持续下跌，掉到接近2000点时暂时停住，这已经是人们此时的心理承受点。令人感到欣慰的是，在11时，股价出现反弹情况，指数回升到了2100点，这使许多参与到其中的人都松了一口气。

美国证券交易委员会刚刚上任不久的主席大卫·卢德，面对这次震慑人心的股市危机，感到有点措手不及，于是当记者问到他时，他委婉地暗示出，不排除短暂停市的可能。刚刚有点回暖的股市，又在他的言语下动荡不安，出现了新一轮的狂卖风潮。在下午一点半的时候，那些用养老基金、互助基金、保险基金购买股票的机构投资人也开始有了行动，加入到了抛售股票的行列，本来已经岌岌可危的股票指数，在这样庞大数量的轰击下，不断下跌，一度跌至1900点，考验着人们新一轮的心理承受力。

股市恐慌的情绪迅速地蔓延至世界各地：在欧洲，伦敦《金融时报》指数1987年10月19日下跌183.70点，跌幅为10.1%；联邦德国为3.7%；瑞士信贷银行指数的跌幅为11.3%；比利时为10.5%；荷兰为7.8%；法国为6.1%。在亚洲，香港恒生指数在19日下跌420.81点，即11.12%；澳大利亚所有普通股指数19日跌80.20点，即3.74%后，20日又下跌24.9%；日本东京的《日本经济新闻》股价平均指数在1987年10月19日下跌620点，即2.35%后，20日再跌3800点，即14.6%；新加坡《海峡时报》指数19日的跌幅为12.15%。而另外其他地方，如巴西、墨西哥等地的股市跌幅也在20%以上。这也是继20年前的股市狂跌之后又一次金融风暴。

这是股票存在以来，首次全球整体暴跌，市面值损失高达14000多亿美元，此数目比第一次世界大战全部损失还要高出两倍。由于此次股票狂跌所引起的恐慌，芝加哥期权交易所开市不久就爆出红色警报；大陆伊利诺银行也脱离不了，差点宣告破产，最后在美联储的帮助下逃过了一劫。

面对此次席卷全球的股市狂跌，各政府都采取了应对措施，帮忙救市，中国香港闭市4日；在美国计算机程序交易被政府限制，同时宣布银行降低利率；法国也同时将自己的长期利率降低，以帮助救市。

政府的救助很快显示出来，在10月20日中午12点半左右，股市出现了奇迹，大量的蓝筹股看涨期权被神秘人士购买，道琼斯指数也随着上升，股市的交易量也开始增长，股市渐渐趋于正常。1987年10月的“黑色星期一”过去了，但是依然没有人了解此次危机是如何发生的，就在这样毫无预警的情况下波及到了全球。

20年后的今日

1987年过去了，那次恐慌还深深地留在人们的脑海，但是20年后的今日，在同一天，美国股市再次遭受袭击，三大股指在19日同时出现暴跌。

在股市下跌中，道琼斯30种工业股票平均价格指数下跌366.94点，收于13522.02点，跌幅为2.64%；纳斯达克综合指数下跌74.15点，收于2725.16点，跌幅为2.65%；标准普尔500种股票指数下跌39.45点，收于1500.63点，跌幅为2.56%。一切都在重演着20年前的疯狂。

但是，这次股市的暴跌与20年前的那次还是有所不同，投资者能够了解到原因。由于标准普尔公司宣布全面下调1400余种住房抵押贷款支持证券的评级，本来对信贷市场就担心不已的投资者更加感到无助，出现了抛售情形。另外，由于原油价格的影响，据了解，纽约市场原油期货价格盘中首次突破每桶90美元的重要关口，人们又觉得会出现利空情形，于是这些都加重了股市的压力。

此外，大公司对美国经济的前景持有悲观态度。全球知名建筑机械生产商卡特彼勒公司19日在发布的季度业报中对美国经济的前景持悲观态度，将下调全年的盈利预期，认为2009年美国经济将会陷入到衰退之中。还有另外一个跨国企业——霍尼韦尔国际公司也宣称原料价格不断上涨，成为公司的一大负担。这些因素都影响着股市价格，导致了19日股票下跌的情形。

1987年的股市浩劫已经过去，在一次次的浮沉中，华尔街就这样不断向前迈进着，不知前方还会遇到什么样的繁华或低谷。

CHAPTER 5

第五章

大国之间“争奇斗艳”的资本博弈

华尔街用它自己的方式演绎了美国从资本大国到资本强国的历史，在这场没有硝烟、虚拟无形的数字战争中，有人一夜暴富，有人一夜破产；有的国家借此一跃而起，有的国家却因此爆发危机。在这场资本博弈中，又是什么使美国始终占据着全球金融博弈的最高点呢？

1. 纽约取代伦敦成为世界经济中心

●世界经济中心——纽约

纽约、伦敦以及中国香港是世界的三大金融中心，而纽约和伦敦则是不分伯仲，两者旗鼓相当。作为世界三大金融中心之一的纽约，无论是地理位置还是交通运输都还处于极佳的位置。据财经日报辛科迪亚斯统计，截至 2008 年底，纽约控制着全球 40% 的资金，是世界上最大的金融中心。而全球最大的上市公司便是在纽约证券交易所，除此之外，2800 多家公司在此上市，有 43 家世界 500 强企业位于纽约。2010 年 3 月份的时候，伦敦政府公布了对全球 75 家金融中心进行的调查，纽约与伦敦并列第一。但是到了 7 月 8 日，在新华—道琼斯国际金融中心发展指数显示，纽约取代伦敦成为全球排名第一的国际金融中心。

纽约的演变

1. 17 世纪初至 20 世纪初

早期的时候，纽约便具备了经济发展的各种条件。不仅地理位置极佳，而且各种商业活动也在此展开，由此便使它迅速崛起为美国的进出口贸易中心。1615 年，纽约仅是货栈，然而到了 1820 年，纽约便成为了美国的第一大城市，赶超当时的费城。19 世纪末的时候，纽约又集结了美国的制造业中心之一、广播中心和金融中心。第一次世界大战之后，纽约的经济发展更是令人叹为观止，与此同时，也形成了以劳动密集型制造业为主导的产业，而这也为纽约的经济发展提供了良好的保证。

2. 第二次世界大战之后

第二次世界大战之后，美国的经济结构发生了明显变化：城市中心区开始衰弱并减少，而郊区则成为了城市发展的主导。但是作为中心城市的纽约却没有受到任何影响。20 世纪 60 年代开始，纽约的制造业急剧衰退，而金融、服务等第三产业却迅速崛起。制造业所需人口下降，而第三产业的人口比重却在不断增加。1959 年的时候，纽约的人口比重为 10.8%，而到了 1969 年，其比重就上升到了 12.3%。

还有一个原因促使了纽约经济的增长，便是消费服务业就业人口的下降，而生产服务业人口的增加。这样反比的局面，便促进了纽约市经济的增长，并为其积累了大量财富，使得纽约从制造业向服务业转变。再加上纽约实行的一系列促进经济增长的战略，以及经过 5 年的战略调整，1980 年底到 1981 年初纽约世界金融中心的位置也就确定了下来。

3. 21 世纪初

2001 年 12 月，美国最大的能源公司，即安然公司由于作假账而遭受重创，并申请破产保护。这次事件对于纽约来说是一次打击，很有可能会对纽约的金融地位产生影响。然而由于萨奥法案的出台，其制度使得纽约并未因此受到很大影响，但给其世界金融中心的地位多少产生了一些负面影响。纽约经济的发展依然保持在世界前列，便在很大程度上确定了其世界金融中心的地位是不容动摇的。

美元打败英镑，建立霸主地位

当欧洲还没有从两次世界大战的伤痛中走出来的时候，美国却正在经历着繁荣发展，美国人过着豪华的生活，享受着美利坚共和国成立以来最鼎盛的繁华。二战以后，美国基本上是一个获利的国家，发了战争横财，不但其本土没有打仗，而且可以提供军火或者其他物资，从中赚了很多钱。

可以说是世界大战彻底改变了世界经济和格局，德国、意大利、日本遭到毁灭性的打击，英国、法国这些工业国也满目疮痍，相比之下，美国却因此受益成为当时全球经济实力最强大的国家。美国的国内生产总值在当时占全球生产总值的48%左右，就是说差不多一半都是美国的制造，然后贸易两也大概占了全球贸易的1/3，因此非常强大，绝对是一枝独秀。1859～1918年，美国工业总产值从不到20亿美元上升到840美元，黄金储备从占全球储备总量的17%上升到59%，贸易量则从4%上升到39.2%，随着贸易量的大幅增加，美元取代英镑，成为了当时使用量最大的国际货币，当时，手握美元是一件时髦而且实惠的事，美国民众享受着因此而来的奢华生活，总统罗斯福和财政大臣们也都正在筹划一项更强大的振兴计划。

美国试图进一步凭借自己强大的实力而一举取代英国成为世界霸主，但是英国并没有打算将霸主地位拱手相让。虽然战争削弱了英国的经济实力，但是当时，国际贸易有40%左右还是用英镑结算，伦敦仍然是全球重要的金融中心，在美元提出要成为世界货币的时候，惟一与之抗衡的是英镑。为了争夺在战后国际货币体系的主导地位，英国和美国他们之间是有很深刻的矛盾，两个国家的政治家和学者都在刻意地为了提升自己金融的地位、提升自己货币的地位而努力，而且他们设计的各种方案也都是为了达到这个目标。英美双方拿出的方案针锋相对，英国方案的起草者是英国经济学家凯恩斯，他提议要创建世界银行，发行一种超主权的货币，这一理论使他成为经济史上最杰出的经济学家，但是在当时，凯恩斯的主张遭遇到了美国的强烈反对，美国经济学家怀特提议，应该把美元确立为主要的世界货币。凯恩斯提出这么一个方案，当然也有保卫英国利益的企图，因为他已经看到英国再想维持当年英镑的这种霸权地位是不可能了，而且英国，因为打仗，因为黄金不断外流，黄金储备已经不足以支撑一个很大的货币，所以他先发制人地提出来一个学说——做一个统一的货币。但是当凯恩斯的方案到罗斯福这里来的时候，罗斯福一口否决了，罗斯福认为，世界货币的方案并不符合美元的利益，不符合美国的利益，因此，凯恩斯的方案被否定了。

接下来，美国总统罗斯福开始在各种场合，宣讲怀特方案对促进世界贸易的好处。罗斯福以充满自信的声音向世界各国，传递着一种霸气和力量，1944 年，美国挑头在新罕布尔什州的布雷顿森林召开会议，商讨如何重建战后国际货币体系。争论的双方仍然是美国和英国。美国当时处在强势地位，他想作为世界的霸主，英国作为老牌帝国主义，不愿意一下子就放弃自己的既得利益和权益。经过激烈的讨价还价，最终在美国政府的主导下，与会各国选择了怀特方案，美元取代英镑成为国际货币体系的核心，美元和黄金挂钩，一盎司黄金等于 35 美元，其他的货币再与美元形成固定的汇率。至此，美元在国际货币体系中的霸主地位基本确立了下来。

货币的力量并不是偶然的，更不是几个金融家、几个银行家或者几个政治家刻意操纵甚至搞一个阴谋就能使一个货币成为霸主。政治家、金融家、企业家在这个里面发挥了非常重要的作用，但核心是，这个国家的综合国力要强，国家的综合国力起来以后，不以人的意志为转移，货币就会成为伟大的货币，一个大国的货币。布雷顿森林会议上，美国虽然取代英镑成了最主要的世界货币，但是英镑仍然有在部分地区使用的权利，此后的数年间，英镑和英镑区仍然是美元霸权的最大障碍。1946 年，英国战后经济困难，不得不寻求美国的援助，这给美国扫除障碍提供了机会。那一年，美国政府一次性借给英国 37.5 亿美元的贷款，但提出了苛刻的条件，包括英国必须承认美国在国际货币体系的领导权，并恢复英镑和美元的自由兑换。结果导致英镑区各国纷纷提取存款兑换美元，不到一个月的时间，英国的黄金储备就流失了 10 亿美元。从此，英国元气大伤，英镑也因此失去了与美元相抗衡的力量。

20 世纪 40 年代，随着美元霸权的确立，美国对外扩张的大幕也徐徐拉开。1947 年，美国国务卿乔治·马歇尔开始实施他的新计划，通过向战后各国提供贷款和援助，试图掌控全球经济命脉。美元成了美国实施扩张计划最强有力的武器。1947～1949 年，仅接受马歇尔计划和欧洲合作组织的十几个西欧国家，对美国的借贷就高达 16 亿美元，这些国家需要大量美元来填补财政赤字，而又得不到充足的美元，造成了当时普遍的美元荒，这种巅峰状态持续了整整十年，在这期间，美国保持着头号世界强国的地位，美元是那当时惟一可自由兑换的货币。美元在国际上的地位可谓是如日中天，世界货币也从此进入了美元时代。

2. 金融危机对日本的重创

●日本发生了经济危机而非金融危机

源自华尔街的国际金融危机对日本的经济造成了很大伤害，在很短的时间内，日本各项重要经济指标迅速出现战后少有的急剧下滑，2008年财年 GDP 增长率下降了 3.5%，出现战后最严重的经济衰退。

日本经济危机爆发，政府积极应对

此次国际性的金融危机对日本金融机构的直接打击是很有限的，但是对实体经济的打击却非常沉重。2008 年 4 季度实际 GDP 增长率骤降 14.4%，创下战后以来的新低，2009 年第 1 季度又降为 14.2%，而且其他主要经济指标均出现雪崩式的下滑。美欧市场的萎缩导致日本出口迅速下降，2008 年度出口同比减少了 16.4%，贸易顺差下降了 90%。此前日本之所以从长达 10 年的萧条期挣脱出来主要就是出口扩大带动的。突如其来的金融危机给日本的出口企业再次带来沉重打击，而汽车业首当其冲，受到的影响最为严重。出口受挫，引起工矿业生产迅速下降、设备投资下滑、企业经营恶化，生产的减少和企业效益的下降引起就业形势的恶化，经济危机的特征非常明显，以上种种现象表明，日本并没有发生金融危机，而是发生了经济危机。

日本经济急剧下滑，而且比美国以及欧洲主要发达国家更为严重，主要原因在于，在日本经济尚未恢复元气的情况下，进入新一轮的周期性衰退，再加上国际金融危机的重创，因此出现了比欧美主要发达国家更为严重的症状。

面对危机的来袭，日本政府在2008年的8月、9月、10月先后采取了被称为“三级火箭助推”的“紧急综合对策”、“生活对策”和“紧急经济对策”措施，总共投入的资金是12.4万亿日元，相当于GDP的1.9%。在货币政策方面，日本银行主要采取了以下措施：向短期金融市场提供大量资金，通过公开市场操作向市场提供美元流动性，两次下调无担保隔夜拆借利率的诱导目标，从2008年10月到2008年12月，经过两次下调，最终降低至0.1%。

后危机时期的经济走势，两种因素之间的博弈

尽管此次金融危机对日本的实体经济造成了重创，但是对其金融体系和社会结构并未造成很大的影响，企业的核心竞争力和国家实力并未出现实质性的变化，因此，日本的经济危机呈现出了“来得快，去得也快”的特点，日本银行2008年6月份，在《金融经济月报》中指出，日本经济持续改善，7月份进一步指出经济逐渐好转。内阁在6月份《月例经济报告》中时隔7个月首次将“恶化”字眼取消，7月份又进一步认为，尽管形势依然严峻，但经济已经全面改善，在发达国家中日本第一个宣布“抵触”，这意味着日本经济已经从危机阶段进入后金融危机的疗伤阶段。

日本经济实力雄厚，特别是国内金融系统仍然稳定，不良债权早已处理完毕，经济基本层面尚好，另外，日本对金融机构的监管要远比美国严格，这也是日本金融体系免遭横祸的主要原因。而且，日本刚刚经

历过长期的萧条，积累了非常丰富的经验和教训，具有很强大的抗风险能力，就连美国所采取的扩大公共投资、零利率政策和货币政策也是借鉴日本经验实施的。

国际经济环境也为日本提供了很好的机会，面对这次百年不遇的金融危机，国际社会频频出手，采取协调行动，同时，国际油价、粮价的大幅度降低对严重依赖进口的日本经济是非常有利的一个因素，使企业生产成本降低、交易条件改善。

当然，后金融危机时期日本的经济发展也面临着一些不利的因素。设备投资约占日本 GDP 的 15% 左右，但是据调查显示设备投资的金额出现了大幅度下降，这首先会严重影响内需的扩大。受金融危机的影响，日本的失业状况也在持续恶化，并且已经开始演变为社会问题。2009 年初，失业人口的总数达到了 347 万人，而且这个数据始终没有出现走低的趋势。

在日本，个人消费占其 GDP 的 56%，对自律性经济复苏的影响很大，而消费疲软一直是日本经济萧条期的重要特征之一，20 世纪 90 年代，个人消费几乎处于停滞或负增长的状态，国际金融危机爆发以来，不仅收入没有增加，反而又出现了大量的失业人口，最终导致个人消费更加疲软。

还有一个不利因素就是财政状况的日趋恶化。2008 年度末，中央政府和地方政府的长期债务余额达 860 多万亿日元，接近 GDP 的 180%。之前，由于政府严格控制国债发行额，财政状况也出现过好转的迹象，但是突然遭到金融危机的重创，不得不再次拾起凯恩斯主义手法，扩大国债的发行，致使财政再次陷入深渊。同时，日本政局的持续动荡也很难维持经济政策的连续性，更不利于推行紧急经济对策。后金融危机时期日本的经济走势，关键就在于对经济发展有利或有阻碍的两种因素。

3. 风暴下的美欧博弈

●危机爆发，美欧意见出现分歧

美国次贷危机引发全球金融动荡，从全球召开国际金融峰会研讨应对政策来看，不难发现，美国和欧盟（主要是欧元区和英国）这两个世界上最大的经济体在应对此次危机的看法和对策上存在着明显的分歧，双方争夺国际金融主导地位的博弈隐约可见。

危机爆发，欧盟欲与美国争夺金融主导权

美国的次贷危机引发的不仅是全球性的金融危机，还有全球性的信誉危机，虽然其大国地位仍然是不可动摇的，但难免有人出来对其地位进行挑战，其中包括欧盟经济体。对于这场金融危机的根源，美国始终都在强调是个别金融机构管理不当造成的，其本质意思就是说，这属于技术性问题。而欧盟则强调是由于美国推行自由市场经济，过度放纵市场这只无形的手造成的，换而言之，这是经济体制的问题。美国强调危机是全球性的，欧盟和其他国家应该与美国一起站出来协同救市，而欧盟却认为这是美国咎由自取，欧盟只能力求自保自救，不能为其他人埋单。

针对金融危机的蔓延，欧盟强调要对银行和其他金融机构进行"跨国监管"，而美国则强调可以对国际监管原则进行谈论，但这些原

则的具体实施应该由各国自行掌控。欧盟强调为了防止此类危机再度爆发，必须对现行的金融体系进行全面改革，甚至可以建立全新的金融体系，美国则认为任何改革都必须保证自由经济体制以及贸易和投资的自由流动。欧盟建议恢复或重新确立类似布雷顿森林协议的国际协议，其目的就是对美元作为国际储备货币加以某种制约，不能再听任美国毫无节制地印制美元来赚取其他国家人民的劳动成果供美国公民挥霍。对此，美国强调尚不存在达成这种国际协议的条件。

上述是欧盟就一些应对措施上产生的重大分歧，还不仅仅如此，即使在召开国际金融峰会的具体事宜上，双方也有一番较量。召开国际金融峰会是法国和英国倡议的，但是美国却一度推脱，白宫发言人甚至称主办这样的一个峰会并非美国考虑的重点。只是在法国总统和欧盟委员会主席亲自赴美，同美国总统进行了长达 3 个小时的“讨论”，美国才承诺在总统大选后尽快召开一系列的全球峰会，但是坚持会议地点不能在纽约，即使之前联合国已经答应为之提供会场，美国坚持会议要在华盛顿召开，并由美国总统主持，以此显示会议必须由美国主导。围绕这次金融危机所展开的交流和诸多分歧，美欧双方的意图很明显。欧盟想利用美国这次自己闯下的祸，趁机夺回欧洲失去多年的全球金融主导权，至少要与美国同享。西班牙首相萨帕特罗说得直截了当，他说“在美国自身并不处于良好的时期，欧盟必须接下领导权”。而美国则不惜丧失既得利益，极力保住这一得来不易的全球金融霸主的地位。

霸权争夺由来已久

实际上，美欧双方对金融霸权地位的争夺也并非始于今日，而是由来已久的。当初，欧元一问世就以与美元一较高低作为自己的长远目标，而美国则把欧元视为对美国在全球的霸权地位提出的公开挑战。因此，一开始美国就极力打压欧元，不断地利用自己手中掌握的汇率这一杠杆，迫使欧元难以稳定，无法充分发挥刺激经济、稳定金融市场的作用。金融危机爆发后，美国又自恃美元的特殊地位，大肆压低美元汇率，诱发粮、油价格同时疯涨，形成全球经济的混乱局面。而美国拯救这次华尔街引发的金融危机的方法，依然是利用美国国际金融体系的特殊地位向欧洲和其他各国转嫁危机的老办法。

就目前的国家形势来看，欧盟谋求彻底改革现有的金融体系恐怕很难实现。首先，美国虽然在这次危机中受到了重创，但它仍然是世界上综合国力最强的国家，这是它占据金融霸权地位的物质基础。其次，彻底改革现有的金融体系，提升欧元的国际地位，这一主张即使在欧洲国家内部都很难达到共识，更不用说要在全球范围内达成一致了，日本也曾对这种推翻美元主导地位的国际金融体系的想法公开表示反对。

即使召开国际金融峰会，也难以在改革金融体系这一关键问题上取得重大突破，最多做一些微小的修补。现存金融体系的形成经历了一个相当长的过程，全面改革甚至建立全新的体系并非一朝一夕的事情，一切取决于国际力量对比的变化。

4. 从德国汽车工业减产看德国经济改革

●经济危机下的德国汽车工业

一直以来汽车工业都是德国的支柱产业，如果该行业咳嗽一下，整个德国经济就会患上重感冒。2003 年经济低迷以及欧元持续坚挺给德国的汽车工业带来了巨大冲击。严重影响了消费者的信心。

在后来爆发的全球性金融危机浪潮中，德国汽车业同样未能幸免，据业界高层的估计，由美国次贷危机引发的金融危机和经济危机对德国汽车工业的影响周期将长达5年以上，并不是所有企业都能在这次危机中渡过难关，倒闭企业的数目会随着危机的蔓延而急剧上升。汽车行业营业额和利润的增长也遭受到了很大压力，直到2013年才有可能得到缓解，企业由此面临倒闭的风险也会增大。一些大的系统零配件供应商显得尤为悲观，为了免遭倒闭的厄运，业内也有可能会出现组合和兼并的浪潮。

危机袭来，德国汽车企业纷纷减产

2008年全国的新车产量减少了1.8%，降至309万辆。由于德国政府于2009年1月出台了汽车税改措施，鼓励大众消费，到2009年，新车产量得以保持300万辆以上的数据。由于经济不景气，潜在的购车人群感到不安，因此德国主要的汽车出口市场比如欧美国都难有起色，2009年是汽车出口最艰难的一年，德国汽车生产商也根据有关情况主动采取了减少产量的措施。

作为欧洲主要产业之一的汽车产业由于受金融危机的影响颇深，德国的汽车巨头们纷纷于2008年10月份宣布减产。通用汽车子公司欧宝公司、福特德国公司、奔驰与宝马公司在德国纷纷宣布减产。通用称其在欧洲的其他分公司也受到了金融危机的影响，欧宝位于东德爱森纳赫的生产厂曾完全停产3个星期。通用位于西班牙萨拉戈萨的欧宝生产厂10月停产了两个星期。总部位于慕尼黑的宝马公司也表示，鉴于北美销量的下滑，会将最初打算销往美国市场的2万辆汽车销往俄罗斯或中国，这意味着会减产2万辆。福特德国公司称会减产并解雇其位于西德由6500名员工组成的Saar louis生产厂的204名临时工，而公司位于德国西北部的科隆生产厂将继续生产。总部位于斯图加特的戴姆勒公司称公司希望将产量保持在较低的水平上，并称调整会影响到德国的生产厂和戴姆勒位于阿拉巴马州塔斯卡卢萨的生产厂。2008年夏天时，戴姆勒表示其位于辛德尔芬根的德国最大生产厂会停产，比通常在圣诞节假日期间停产的时间早了一些。其发言人Florian Martens称"我们的总体目标是让汽车的产量保持在较低的水平上。"然而总部同样位于斯图加特的保时捷公司其做法却不同于戴姆勒公司，保时捷公司并没有计划减产。

汽车市场处境并不是很乐观，德国汽车生产疲软，产量很难攀升，而且面临的主要问题就是金融市场对汽车销量的连锁影响。

●欧债危机肆虐，德国何以独善其身

德国汽车工业在金融危机中受到的影响并不会使德国经济陷入很大的困境，从根本上来说，其经济体系并未遭受到太大的破坏。除了德国政府采取的积极应对措施外，同时也离不开政府未雨绸缪的改革。德国经济救援行动主要可以分为两部分：一是金融救市计划，总规模为5000亿欧元，主要用于救助银行，稳定金融市场，防止银行的倒闭造成经济的动荡；二是经济刺激计划，总规模为820亿欧元，主要用于劳动市场促进、直接公共投资、以旧换新的汽车置换补贴等。

未雨绸缪，两届总理坚持改革的路线

2010年，欧洲债务危机令人“谈虎色变”，德国作为欧洲中流砥柱的地位变得更加明显，希腊救助方案中德国的出资比例超过了1/5。十年前，德国还是让人担忧的“欧洲病人”，而近年来欧洲各国频繁出现债务危机，德国却能独善其身，甚至成为拯救者。其根本原因就是德国近十年来持续的社会经济改革起到了关键作用，十年前的未雨绸缪，方有如今的履险如夷。

根据希腊政府和欧盟、国际货币基金祖师商定的救助方案，2010年之后希腊会在3年中得到1100亿欧元的贷款。其中，国际货币基金组织承担300亿欧元，而德国将分担欧元区800亿欧元总额的28%，多达224亿欧元，占到总援助金额比例的20%以上。在欧洲各国中，德国当前的财政基础最为稳固，2009年财政赤字占GDP的5%左右。虽然并非高枕无忧，但是当今的德国状况依然让各国羡慕。然而，十年前，德国与现在希腊的状况颇为相似。受到长久奉行的高福利制度以及两德统一后遗症的影响，20世纪90年代德国经济增长低迷，失业率高企和高福利等导致德国企业成本居高不下，大批制造企业迁出德国，收支失衡也给财政带来巨大压力。

由于深刻认识到高福利体制带来的缺陷，德国时任总理施罗德1998年上台不久就制定了“2010年议程”，其改革计划几乎涵盖了社会经济的各个方面：通过降低税率增加个人和企业的收入，以刺激消费和投资；改革失业保险和救济制度，逐年削减失业者的救济金并加强再就业培训；推迟甚至暂时冻结退休者养老金的增加等。这些改革措施几乎是当前希腊紧缩政策的蓝本。但是改革总会伴随着痛苦，施罗德所付出的代价就是2005年的大选后黯然下台。值得庆幸的是，随后的默克尔内阁依然坚持了“2010年议程”的改革思路，她同时更考虑社会承受力，在条件成熟的时候进行改革，在形式所迫的时候延缓改革。十年来，德国政府改革的成效在当今全球经济危机的背景下逐步明显。过去十年中，德国在劳动力市场、东西德平衡、人口问题、移民制度等方面大刀阔斧的改革，已经成为欧洲各国未来社会经济改革的模范。劳动力市场改革正是德国十年改革的核心，其核心思路就是在继续保持欧洲“公平”传统的同时，借鉴英美促进“效率”的经验，融合两种制度优势，使德国社会经济重新走上健康发展的道路。过去十年来，施罗德和默克尔两届政府都致力于改革高福利、降低失业率、提高劳动效率，同时保障工人与雇主之间的公平。两届政府都将推动就业作为政府政策的核心目标。施罗德强力改革劳动力市场和福利制度，政策核心就是降低失业保障，特别是对长久失业者降低保障，同时为愿意寻找工作的人提供培训和支持等，这就促使失业者尽快寻找工作；默克尔政府继续推行“迷你工作”、临时工等新的工作形式和福利形式，在2005~2008年间，德国失业人口从500万人下降到300万人，即使在经济危机中，失业率仍能保持基本平稳的态势。

多重改革兼顾公平和效率

除了对劳动力市场的改革之外，德国在东西德发展不平衡、人口老龄化以及移民等问题上同样进行了大刀阔斧的改革。兼顾公平与效率，同样是这些改革的核心。在通过改革促进发展的同时，努力消除贫富差距和发展不平衡问题，维护社会稳定，其成功经验被欧洲视为宝贵的财富。

应对人口长期下降和老龄化，是德国社会经济改革的重要内容。自20世纪70年代以来，德国家庭的出生率开始下降，人口逐渐负增长已经成为不可逆转的趋势。据德国政府预计，到2050年德国人口将比现在减少800万~1400万。这意味着更多的养老支出、更少的产业工人、更低的创造力和产出等，人口问题将成为德国未来发展的根本威胁之一。德国政府对此有着深刻认识，推动家庭结构改革是政府解决人口问题的重要途径之一。比如著名的“哈茨计划”，为德国家庭提供了大量的生育补贴，保障有两到三个孩子的家庭母亲足以不工作。德国平均工作时间也相当少，2006年年均工作1430小时，在经合组织成员国中为第三低。德国在整个社会结构改革中，注重家庭的价值以及家庭与经济的平衡，使整个社会的幸福水平得到了很大提高。

欧洲各国中存在的普遍问题就是移民问题，传统上德国是一个以日耳曼民族为主的单一民族国家，但是二战后，移民问题逐步凸显。当前在全部德国儿童中已经有1/3是移民后代，预计到21世纪中叶，将有一半以上的德国人有移民背景。德国政府在推动移民融入当地社会、加强移民后代教育等方面，采取了一系列措施。德国还在2000年和2005年两次修改移民法，对于外国移民加入德国国籍给予了更为公平的待遇。

在十年间，德国实现了经济和社会发展方式的转变，也改变了外界“欧洲无力改革”的观念。德国如今是欧洲当之无愧的地理中心、经济中心和政治中心，十年前的“病人”已成为当前欧洲经济的发动机和中流砥柱。正如英国《经济学家》感叹，德国人以古板著称，但现在正变得令人吃惊的灵活。默克尔也称，德国制度是“国际经济管理的模范”。如果欧洲一些国家想从根本上摆脱债务危机，无疑过去十年德国走过的路会为其提供很好的借鉴。

5. 法国在金融危机中“很受伤”

●金融危机重创法国经济

金融危机对法国的影响

从2007年夏季美国次贷危机到2008年9月15日雷曼兄弟审请破产，在这短短的几个月时间里，金融危机在全球蔓延，全球股市损失了近一半的市值，20万亿美元市值被蒸发。而欧洲和法国的金融和银行业首当其冲，多家大型金融机构陷入危机，具体表现就是全球股市持续跌宕起伏。法国股市下跌的幅度甚至明显高于全球第一大股市华尔街股市下跌的幅度，其中多家法国大型金融机构的市值缩水了50%～90%，只能寻求来自外界公共市场甚至是政府渠道的巨额注资。

而之后，危机已经不仅仅局限于金融领域了，更发展到金融危机与经济危机的新阶段，法国国内的实体经济也因此受到危机的影响。法国经济各个主要行业面对萎靡不振的欧洲和本国零售市场和处于对消化堆积如山的商品库存考虑，纷纷推出各种降价销售的措施，这对消费者而言也许是一个好消息，但是对于生产者和销售者来说却要冒很大风险。

除了银行之外，法国的汽车制造业、钢铁业、房地产业、化工行业、房屋出租业、旅游业玩具零售业、电讯、收费电视和报纸订购等也受到的金融危机的影响程度也相当大。

金融危机导致银行信贷紧缩，而法国汽车销售的2/3都要依靠贷款，信贷紧缩直接导致了汽车市场的萎缩。无奈之下，法国两大汽车制造商雷诺和标致—雪铁龙也不得不裁员和大幅减产，希望通过节约开支和减少库存来应对市场萎缩。而法国汽车轮胎制造巨头米其林公司也对外宣布实行减产计划。法国汽车零配件制造业所受到的冲击更为严重，很多企业的订单大幅度减少，营业额也跟着锐减。

汽车工业的减产也很快波及到了上游产业——钢铁业，甚至就连全球头号钢铁巨头阿什洛·米塔尔钢铁公司在法国国内的不锈钢产能也削减了一半。同时，由于汽车工业需求的下降，法国化工巨头罗地亚集团也将聚酰胺的产能压缩了一半，涉及到了13家工厂、4000多个岗位，减产计划所涉及的对象也扩大到全球56家工厂、7800多个工作岗位。

金融危机对法国的建筑业也有很大影响，法国国内房地产市场在经历了1997年以来几乎连续11年的上升周期后，2007年其总的交易规模也达到了创纪录的1767亿欧元，房租的交易价格也达到普通人根本无力承担的水平，例如，巴黎市区每平方米的房价曾经达到1万欧元左右的水平，而其他大城市的房价也普遍达到了3000欧元左右的水平。这与1997年的房价相比上涨了将近3倍，这样的局面当然是很难维持下去的。法国房地产市场终于在2008年年初开始显露出危机征兆，第3季度加速萎缩，新房销售量同比锐减幅度高达44%，法国政府颁发的建筑许可证与上一年同期相比锐减23.3%，减至111342万份。而新建房屋的数量减少了8.1%，减至110329套。从20世纪90年代初以来，如此大的降幅在法国从未出现过，这表明法国建筑业面临的危机已经十分深重，除了对该行业的就业状况产生影响之外，新房数量不足无法满足住房需求也很令人担忧。

法国政府应对金融危机的主要措施

随着金融危机蔓延到实体经济，法国政府陆续推出了一系列的应对措施和经济重振计划。

1. 法国政府宣布36000亿欧元银行业拯救方案。

作为危机根源的银行一直饱受市场的冲击，各大银行在市场上大起大落。在美国政府宣布7000亿美元的救市计划后，欧盟成员国政府也宣布了17000亿欧元的大规模救市计划，让银行暂时躲过了连锁倒闭的危险。但是银行业仍然处于相当脆弱的状态，一些银行也开始寻求合并和重组以巩固自己的地位。2008年法国政府收购了富通银行在比利时和卢森堡的金融业务，从而成为欧元区最大的储蓄银行。

2008年9月底，法国、比利时、卢森堡联合向德克夏银行注资64亿欧元，接着法国政府于2008年10月15日推出了一项紧急财政修正案，批准成立“法国经济财务公司”，该公司拥有国家提供的3200亿欧元担保金。法国政府将通过为银行发行债券提供担保和参与银行资本重组等方式帮助银行摆脱融资难的困境。

2. 出台260亿欧元的重振经济计划。

法国总统萨科奇在法国北部都安市雷诺汽车公司的一个生产基地发表演讲，公布了法国政府260亿欧元的重振经济计划，总额大约占国民生产总值的1.3%。该计划的主要内容包括扩大公共投资以及对房地产和汽车行业提供援助等。首先是法国政府新增加105亿欧元的公共投资，包括向基础建设部门增加40亿欧元的资金，向高等教育和科研部门增加近7亿欧元的资金，向国防和安全装备部门增加14亿欧元的资金，向文化遗产保护部门增加7亿欧元的资金等；其次是向国有企业投资40亿欧元；第三项是地方政府投资25亿欧元；第四项是为大型基础设施募集160亿欧元；第五是发展铁路和公路建设；第六项是14亿欧元救助房地产业；第七项是购买环保新车奖励1000欧元，具体内容包括凡报废车龄10年以上的旧车、同时购买每公里CO_2排放量低于160克的环保型新车，将获得1000欧元的奖励，该措施将与已推出一年的购买环保汽车奖励300欧元的政策合并执行。如果报废车龄10年以上的旧车、同时购买每公里CO_2排放量低于100克的环保型新车，则购车人将获得2000欧元的奖励。这项新措施将耗资2.2亿欧元。此外，向汽车生产企业贷款的银行将获得10亿欧元的注资，这不属于政府补贴，而是综合贷款，利率为8%；第八项是新增40亿欧元贷款扶持中小企业；第九项是扶持就业措施，新增5亿欧元用于资助就业政策的实施；最后一项是资助最贫困家庭每户200欧元的措施。从2009年3月底开始，向领取救助金的每个家庭发放200欧元，总共涉及到380户家庭，总金额达7.6亿欧元。

绝大多数的经济分析师认为，法国政府推出的上述措施有助于降低金融危机对法国经济的影响。

CHAPTER 6

第六章

暗潮涌动，资本主义的力量

在过去30年间，几乎所有重要的高科技产业都是从美国兴起的。最重要的原因便是美国拥有会创造奇迹的华尔街，而华尔街又有着一个强大的资本市场。资本的力量将科学家和资本家的利益紧紧地联系在一起，创造了美国在科技方面的优势，可见，美国资本主义的力量不容小觑。

1. 罗斯柴尔德家族

●250 年的历史，富可敌国的犹太家族传奇

18 世纪中期，罗斯柴尔德家族诞生，由创始人梅耶·阿姆斯洛·罗斯柴尔德与他的 5 个儿子阿姆斯洛、所罗门、詹姆斯、内森、卡尔在法兰克福、伦敦、巴黎以及维也纳和那不勒斯等许多欧洲著名城市先后开设了银行，也是被人尊称的“罗氏五虎”。

成就“犹太家族”辉煌

世界上很多犹太巨商都是从白手起家开始，往往在职业的最初都是从最底层的工作做起，然而犹太人却总能将他们平凡的工作都做得很出色。就如同犹太经典《塔木德》所推崇的：“别想一下就造出大海，必须先由小河川开始。”

这也正是为什么罗斯柴尔德家族是从 16 世纪起，就已经定居在了

德国法兰克福的犹太区，到了18世纪才开始发迹的原因。在此期间，罗斯柴尔德家族都是在法兰克福城里默默无闻地度过了两个多世纪。而正是由创始人梅耶·罗斯柴尔德开始，真正为罗斯柴尔德家族揭开了创业的第一篇章。

梅耶是一个对古钱币和其他古董感兴趣的人，他收集了大量中东、俄国以及其他欧洲国家的古旧钱币，加以整理并出售。同时，他也看出对于古币生意销售的顾客都是针对于上流社会这一特点，梅耶就开拓出了一条独特的途径：他有计划地把古钱币以邮购的方式推销给各地的皇室贵族，并且把来历不凡的古币编印成了精美的目录，还都一一附上自己的亲笔信，寄给那些尊贵的顾客们。而这条通往宫廷之路的挖掘，经过不懈的努力终于得到了回报。梅耶得到了当地领主，也就是比海姆公爵的召见。梅耶把握住了这次机会，用近乎赠送的低价，向公爵卖出了他收藏的古代徽章以及钱币。因为，梅耶很清楚，如果想要从犹太人备受歧视的社会中脱颖而出，就必须要接近手握着权势的领主，同时还要能够博得其欢心才是最有效的手段。而他真正的目的也正是对于换取长远战略的实现。

梅耶25岁的时候，就已经获得了“宫廷御用商人”的头衔。凭借着比海姆公爵的信任以及“宫廷御用商人”的名号，梅耶的生意也开始越做越兴旺。继而梅耶也开始从事其他棉制品以及烟酒等行业，同时还涉及到了金融领域。到了他40岁的时候，梅耶已经成为了法兰克福城的首富。对于目光远大的梅耶来说，他并不甘心于影响仅限于德国。所以，他便让自己的5个儿子走出了德国，分散到世界各地，开始共同构建罗斯柴尔德国际金融王国。

经过几年的时间，便形成了一个由老梅耶以及大儿子阿姆斯洛坐镇老家法兰克福，其他几个儿子共同分布到了伦敦、巴黎以及维也纳和那不勒斯的金融商业帝国。正如一位普鲁士驻英国的外交官所说：“罗斯柴尔德对欧洲的金融事务拥有很大的影响力。他们能够左右外汇交易价格。当内森发怒时，英格兰银行都在颤抖。”面对罗斯柴尔德兄弟可以在金融界以及商业界呼风唤雨的重要原因就是，他们不仅善于通过与设在欧洲各国的分支机构获取政治以及经济上的情报，并且可以互相沟通。他们这样就可以迅速地了解世界各地的政治经济动向，同时也能够及时地采取行动，出奇制胜。而这也正是成就“犹太家族”传奇的关键所在。

●无所不知的罗斯柴尔德

1814 年，当拿破仑和欧洲联军正对抗的时候，面对战局的变化无常，英国的证券交易也因此而变得很不景气。到了后来，战事开始发生逆转，拿破仑也彻底兵败滑铁卢。而罗斯柴尔德家族竟然是第一时间从布鲁塞尔得到了这一消息。于是，内森便立刻乘着伦敦债券价格还尚未上涨之际，大批吃进，结果自然就大赚了一笔。而罗氏家族也因此被尊称为是“无所不知的罗斯柴尔德”。

拿破仑的滑铁卢与罗斯柴尔德的凯旋门

1815 年 6 月 18 日，一场大战开始在法国的滑铁卢展开，有法国的皇帝拿破仑与英国将军惠灵顿，而这就是历史上非常著名的滑铁卢大战。与此同时，一场无硝烟的并且是以英国公债为武器的大战也开始在伦敦交易所拉开了帷幕。而就在当天晚上拿破仑败局已定时，战场上已经有一个人骑着快马，乘着快艇飞快地赶回了伦敦。这个人正是内森·罗斯柴尔德提前安插在战场上的信使。而当时在伦敦的港口孤零零站着的内森·罗斯柴尔德要等的就是这个人，在内森听到这个消息以后，二话不说，便直奔交易所，他的第一个举动就是卖掉了手里所有的公债。当所有人都恐慌于英国输了这四个字的时候，内森·罗斯柴尔德反而吃进了所有的公债，而等到英国赢了的消息传来之后，这个价格就已经飞涨了太多。

那么，最后因此一役罗斯柴尔德究竟获利有多少？答案是2.3亿英镑，相当于现在的500亿美元，要知道，股神巴菲特投资了60年，直到2007年，当金融危机侵袭之前，身家也不过500亿美元。而对于罗斯柴尔德家族来说，类似这样的案例在历史上却是屡见不鲜的。为什么罗斯柴尔德家族总是可以赶上一本万利的事情，正是因为罗斯柴尔德是一个懂得抓住机遇的天才。

对于资本主义中蕴藏着巨大力量的罗斯柴尔德家族来讲，更多不为人知的实力，正是源自于，他们有一个严密的家族控制，以及完全不透明的黑箱操作，犹如钟表般精确的协调，并且能够永远早于市场的信息获取；加之冷静理智的头脑和永无止境的金权欲望，同时，还有一个基于这一切的对金钱以及财富深刻洞察和天才的预见力等等。这些都造就了罗斯柴尔德家族能够在世界上两百多年的金融、政治以及战争的残酷漩涡中所向披靡，并且还能够建立了迄今为止人类历史上最庞大金融帝国的根本原因。

●华尔街上并不存在新事物

常有人会问这样的问题：“我是如何能够在华尔街上赚钱的？”对于这个问题，迈耶·罗斯柴尔德总是会用一句话来做最好的诠释，他说：“低买高卖。”

罗斯柴尔德家族与华尔街

在19世纪后半叶，美国开始从西部开发，并对伊利运河加以修建。从铁路的兴起到南北战争，华尔街就是这样从一条僻静的小街，渐渐发展成为了美国乃至是世界的金融中心。或者，我们也可以说，华尔街就是财富和奇迹的别名，但它本身并没有创造产值，只是凭着买空卖空、低进高出点石成金，“贱买贵卖”是赚钱的唯一法门。

对于想要挣钱的人来说，首先要有足够的自知之明，能够自我克制，这样才有可能避免很多对成功造成的严重阻碍。对于暗潮汹涌的资本主义浪潮来说，罗斯柴尔德家族正是具备了能够在股市中挣钱，拥有良好知识和心理。虽然知识与挣钱并没有必然的关系，但是，一个真正的投机者都会懂得，对于自身行为有可能遭遇的风险和自己判断的完善性，都必须能够像法官那样从容镇定。

而罗斯柴尔德家族所能够主宰的正是，可以保持自己判断不被任何天性所扭曲。同时，作为一个成功的金融家，只需要站在幕后就可以影响政局。而罗斯柴尔德家族之所以能够在华尔街取得成功，也正是因为他掌握了金融市场的规律。

或者，我们也可以说，华尔街崛起自然也就是美国崛起的历史，而这条金融街不仅仅控制着全球经济，同时，还深刻地影响着整个政治格局。只有真正懂得“以史为鉴，可以知兴替；以人为鉴，可以明得失。”才是对同样深有裨益的。

2. 私募已成为资本市场重要的力量

●私募基金在资本市场里奔突、汹涌

私募基金一直如同地下的暗河，在资本市场里奔突、汹涌。老的死去，新的又诞生，在政策的夹缝中顽强生存。适逢大牛市，它们便迅速地成长。根据业内人士透露，私募基金已经成为了中国资本市场的重要力量。

间接融资和直接融资都属于企业融资的两种方式，前者是指银行信贷，后者主要通过资本市场进行。而就在2008年美国次贷危机爆发之后，世界上已经有不少银行开始紧缩贷款，这让数量众多的中小企业获取银行贷款的难度进一步加大。在这种经济形势下，企业纷纷寻找新的融资渠道，这给私募股权投融资提供了一个良好的发展机遇。对于中国而言，很多中小企业发展的大难题和发展瓶颈就是融资困难，私募股权投资将为解决这一难题开辟方向。私募股权投资在我国还处于发展的初期阶段，未来有相当广阔的发展空间。

金融危机下企业融资新机遇

所谓私募股权投资（Private Equity，PE）就是指通过私募形式对非上市企业进行的权益性投资。通俗地讲，就是寻找优秀的高成长性的未上市企业注资其中，获得其一定比例的股份，并推动企业发展、上市，

此后通过转让股权获利。自 1946 年美国正式成立第一家私募股权投资公司——美国研究与发展公司（ARD）以来，私募股权投资的发展已经经历了 60 多年。私募股权投资是金融创新和产业创新的结果，其运作方式拓宽了企业融资的渠道，推动了被投资企业的价值发现和价值增值，同时提供了高收益的投资渠道，被越来越多的投资者所认可。近些年来，私募股权投资在金融体系中扮演着越来越重要的角色，成为仅次于银行贷款和公开上市发行的一种重要的融资手段。

2008 年以来，国际金融危机不断蔓延和深化，企业发展面临着前所未有的挑战。特别对于很多正处于成长期的中小企业来说，它们往往缺乏资产抵押很难从银行贷款，上市又不够条件，在金融危机的冲击下，融资难问题成为制约其发展的主要瓶颈。在此背景下，私募股权投资成为一条解决企业融资难的新路。ChinaVenture 的统计数据显示，2009 年中国私募股权投资市场披露投资案例 114 起，虽然投资案例数同比有所下降，但投资金额达到 186.45 亿美元，同比上升 75.8%，平均单笔投资金额为 1.64 亿美元，同比上升 145.3%。进入 2010 年，中国 PE 市场投资规模迅速上升。根据 CVSource 统计显示，仅 2010 年 3 月中国市场获得 PE 融资的企业就达 13 家之多，融资金额达 18.02 亿美元。由此可见，私募股权投资在很大程度上缓解了部分企业的融资难题。

事实上，私募股权投资在中国并不能称为一个新鲜事物。近些年来，随着中国经济快速的发展和资本市场的逐步完善，私募股权投资不仅引起国内各界的密切关注，也吸引了众多外资股权基金。据相关机构的不完全统计，我国目前从事 PE 投资的各类机构将近 5000 家，投资领域涉及国民经济诸多方面。2004 年，著名的美国新桥资本以 12.53 亿元人民币从深圳市政府手中收购深圳发展银行 17.89% 的控股股权，掀开海外私募股权投资基金进入中国内地的序幕；新浪、网易、腾讯、盛大、蒙牛、无锡尚德、阿里巴巴这些最富有活力和竞争力的中小企业无一不是靠私募股权投资成长壮大起来的。事实表明，私募股权投资的资本平台能够引导社会资源参与创新活动，有助于培育孵化具有自主创新能力的经济主体，不断提高企业价值和竞争实力。

私募股权投融资的影响

私募股权，在被美国全国风险投资协会以及美国两家最重要的研究机构，一并将其定义为，所有的风险投资和管理层的收购，以及夹层投资。在欧美资本市场很多发达国家，私募股权是新兴企业，未上市的中小企业，也可以说是陷入到财务困境的企业，以及寻求并购资金支持的上市公司的重要资金来源。

而私募股权投资，作为一个真正的产业是在 20 世纪 80 年代初的美国发展起来的。到了 90 年代，终于形成了一个对美国经济和企业都有着举足轻重的金融产业。由于私募股权投资，使得美国从 1984 年的 67 亿美元增长到了 2000 年的 1773 亿美元。同时，在欧洲私募股权产业同样也得到了非常大的发展。由 EVCA 统计的数据表明这一时期经历了快速的发展，其中，筹资额便从 1995 年的 44 亿美元上升到 2000 年的 480 亿美元。而投资额也从 55 亿美元上升到了 350 亿美元。在当时的欧洲私募股权市场规模已经位居于世界第二。或者，也可以说，私募股权投融资已经成为了资本主义市场崛起的重要力量。

同时，在欧美发达国家，私募股权市场也出现了高速发展的新兴资本市场。如果只是从金融市场功能的角度来看，对于其比较完整地并且是具有传统金融市场的融资以及风险管理、发现价格与提供流动性等功能来说，在此基础上都已经有了明显的创新。因为，人们都意识到了，大力发展中国的私募股权市场十分必要。正是由于中国的资本市场状况是市场体系中，各个组成部分的发展都显得极不均衡。而以银行中长期为信贷主导的间接融资远远地超过了证券市场的直接融资。而又由于证券市场上的债券市场规模都太小，其中很多的公司债务更是处于了几乎停滞的阶段。而私募股权市场却仅仅局限于带有风险的投资，所以，完整的私募股权市场需要的就是进行权益的投融资。

3. 美国资本主义崛起对中国的启示

●美国资本主义的崛起

从资本主义出现开始，特别是从工业革命出现以来，自由贸易与贸易之间的保护主义之争始终都是各国不同政治经济以及派别分歧的重要成分。随着时代的不断变迁，一个国家可能从主张自由贸易转到贸易保护，也可能从贸易保护转向自由贸易。一般来讲，面对国际经济危机时期，贸易保护的声音通常会有所抬头；而到了繁荣时期，自由贸易却又很容易变成潮流。那么，对于强国来说，自由贸易也就是占领弱国市场，从而打败弱国企业的旗帜；相对于弱国来说，贸易保护就是抵御市场强权，以发展民族工业的盾牌。美国的历史正是根据本国在国际市场竞争中力量的强弱交替，运用了贸易保护和自由贸易这两种方式而主张的历史。也正因为如此，美国才从一个殖民地国家变成了世界上第一流的强国。同时，也由于英国的炮舰进一步调动了美国人民的爱国主义激情，否则美国是很难实施贸易保护政策的。如果贸易保护政策无法实施，美国的今天很可能也会像其他南美洲的巴西或阿根廷一样，不仅贫穷落后，同时还会受到其他发达工业国的控制和掠夺。所以，对于正在一步一步发展起来并且想要追求继续强大的中国来说，破解南北美洲不同历史命运的奥秘，就具有了不同寻常的价值和意义。

美国转折性崛起

1881年10月，英国军将领康沃利斯在约克敦提出了投降，美国独立战争由此得到了全面胜利。而到了1883年，英国也正式承认美国的独立。但是对于独立战争取得的胜利，却并没有带来美国的繁荣和发展。虽然在独立战争期间，北美的制造业由于对英贸易的停滞得到了一定的发展，但是生产技术与产品质量仍然远远落后于英国。以至于，在战争结束以后，英国利用自身强大的制造业和商业优势，不仅对美国的出口实行了严厉的商业限制，同时还大量向美国倾销英国货。根据统计，1784~1786年，美国从英国进口的货物总值约为7591935英镑，而在同一时间，美国向英国的出口仅仅是2486058英镑，这之间的逆差高达5205877英镑。面对出口的萎缩，市场缩小使得价格大幅度下跌，从而造成了商人和农场主的纷纷破产，债务链条也跟着破裂，产生了严重的社会动荡。所以，在美国历史上也把从1781年至1789年期间称为“危机时期”。这场危机给美国上层社会带来了广泛冲击，一时间，只有自由贸易和贸易保护主义这两大声音至今仍然清晰可辨。

很多商人开始推崇自由贸易的农业种植园，力求大力发展农业来摆脱这一困境。在当时的美国看来，这样就可以在一定程度上抵制英国的出口限制，同时也可以摆脱英国的商业垄断。尽快去开拓南欧和北欧市场及其他全球市场，还可以加快向西部扩张，一旦将西部广袤的土地都变为农产品的生产基地，这样就能增强美国农产品在市场上的竞争力。然而，遗憾的是，由于当时美国的经济结构还是依附于英国的种植园主和大商人。如果汉密尔顿主张中惟一落实的是能够加强联邦政府的权力，从而建立起财政税收制度，以恢复公共信用，如此，便可以顺利发行新国债，使得联邦政府便不再有名无实。然而，汉密尔顿所珍视的贸易保护主义政策却并未得到实质性的推行。1789年的关税法案中规定，进口税率仅仅是9%，远远不够保护新生制造业。英国正是知道自己竞争优势所在，所以，从一开始就禁止了机器、技术以及技术人员的外流。面对西部土地的吸引，美国工人的工资平均比英国高出了1/3～1/2。同时，加上英国企业主的资金雄厚以及存在现成的销售网络等因素，使得美国制造业的发展更加举步维艰。长此以往，美国就很难摆脱成为后来南美各国的命运，同时也很有可能变成欧洲工业国的附庸。

面对社会经济结构的不断动荡，出现了资源越丰富就越可以依赖开发资源而获取收益，这就越缺乏发展制造业的动力，杰斐逊的自由贸易主义以及农业国的梦想，正是建立在对美国丰富资源的依赖上。但是这一看似甜美、舒适的梦却完全有可能将美国的制造业溺死在里面。正是此时，英国军舰的一生炮响把美国从西部农业梦中拉到了现实中来。1807年，英国为了与拿破仑作战，就炮击美国的战舰“切萨皮克号”，从而强征舰上的海员。但也由此激起了美国强烈的反英爱国情绪。到了1807年12月，美国国会通过《禁运法案》，禁止一切船只离开美国而前往外国港口，其意正是中断对英国的农产品供应来教训英国。然而，未曾预料到的是，禁运不仅并没有给英国造成伤害，反而使得美国的经济陷入了全面瘫痪。

面对巨大的压力，《禁运法案》不得不在1809年初宣布取消。然而幸运的是，禁运却使得美国国内制造业不再面对国外竞争，工业品价格也开始上涨，制造业利润大增；另外，航海业和对外商业的萧条也促使大量的资金投入到制造业中来，从而使美国制造业得到了空前的发展，到1810年，制造业的生产总值已经达到1.2亿美元。更为重要的是，禁运也使美国人初步认识到，如果要想使民族独立和国家强大，制造业的重要性是不容小觑的。也惟有如此才能为实施贸易保护主义，摆脱经济的依附性带来第一线的光明。但就当一些美国人对于得出的这一结论发出感慨时，很多作为权力结构核心的大农场主和商人却增强了依附性，变得更加害怕与英国打贸易战。因此，就出现了当禁运刚结束，财政部长加勒庭提交给国会的一份《关于制造业的报告》又被不动声色地搁置了。

对于美国单方面终止禁运的主张，却并没有换来英国的终止。这也正是应了那句“树欲静而风不止”，英国还是继续劫掠着美国的船只。终于，在1812年，美英开始正式交战。而更为意外的是，这场战争对于美国经济的影响几乎和禁运十分相似，由于对外贸易以及航海业陷入长期萧条和停滞，使制造业得到了飞速发展，这就对英国霸权构成了真正的威胁。

也可以说，正是1807年的禁运和1812年的战争，成为了美国历史上的重大转折点。如果没有这两场战争的出现，以及由此而来的贸易保护主义政策。美国就很可能会成为另一个巴西，那么历史的面貌自然也将大不相同。要知道，战争就是最极端的保护主义。如果一个国家最终都能够走上资本主义的“康庄大道”，或者都必须经过资本主义阶段，那么存在的也许就不只是转折的问题了，更多的只能是曲折。同时，一个国家的民族工业，能够从稚嫩走向强大，更要经历多么漫长、曲折的道路，并且也有可能完全没有出头之日。

美国能够由弱到强地崛起，其实正是向我们生动形象地展示了市场经济的真谛，也就是说，这是一个弱肉强食的市场经济。弱者如果不想被强者吃掉，那么惟一的办法就是要认清自己在竞争中存在的地位和实力。不仅一方面要懂得深沟壁垒，另一方面还要找准强者的弱点主动出击，做好打一场经济上的以弱胜强并且由弱变强的持久战。那么中国在世界市场竞争中究竟又处于什么位置呢?

认清中国在国际竞争中的位置

在经过新中国30多年的建设之后，到了20世纪80年代初期，可以说，中国已经形成了一个拥有独立完整的国民经济体系、技术创新体系的国家。同时，中国也拥有了世界上各大主要高技术产业，比如核工业、航空航天工业以及电子工业等。然而，如果与世界各大强国相比的话，中国的工业发展仍然还很弱小，并且也不具备足够的实力，可以敞开大门与巨型跨国公司进行竞争。或者说，在20世纪80年代的时候，开放在事实上还是有一定限度的，不仅关税税率很高，市场也基本逐渐向着国外放开，但是幅度却并不大，这对于国有民族工业来说，并未构成多大的挑战。但也正是因为如此，20世纪80年代的国有企业还存在很多问题，幸运的是，大多都是利润丰厚的，无论是工人的工资、奖金或者福利都得到了不断地提升。

当然，也可以归结为，20世纪80年代的成功是建立在前30年建设基础上的，同时，也是由于保护以及开放的有机结合形成的成功。然而，对于20世纪80年代改革开放的成功，很多人都归功到了开放的位置上。到了20世纪90年代以后，政府开始几次大幅度地降低关税，巨型跨国公司也纷纷开始抢滩中国市场，这在一定程度上，给以国有企业为主体的民族工业带来了更大压力。由于国有企业竞争不过进口商品与外资企业的商品，所以出现了产品大量的积压，由于生产能力过剩而出现的大面积亏损和工人下岗问题也跟着日益突出。特别是东北的重工业企业，由于各地大量引进了生产设备和生产线，所以造成了中国重工业前景的岌岌可危。

由此，就可以看出，虽然中国的国民生产总值以及进出口额看起来都已经不小，但是中国仍然尚未拥有强大的民族工业，同样也不是可以在世界市场经济海洋中遨游的大鲨鱼，这个从弱到强的过程还并未走完。那么，从这个意义上来讲，中国真正的国情并不是落后，而是还很弱小。因为，从落后到先进，存在的只是一个时间上的问题，而由弱小到强大却是一场生死搏斗，胜利和失败的可能性也是共同存在的。

4. 拯救通用：华尔街的国家资本主义幽灵

●在华尔街上空游荡的资本主义幽灵

即使一切的安排，看似都在为了避免“国有化”的字眼的出现，却仍然丝毫没有阻止资本主义幽灵的肆虐。面对2008年9月美国银行是否国有化的讨论小心地被提出，仅仅从金融行业来看，美国的财政部所购买的十家商业银行的股份，如果按照规定来说，都是由企业赎回的，利息也要翻到3倍以上，那么如果最后企业无法赎回股份，就必须向财政部支付15%的利息。而面对汇市反应的有限加息，已经预期将再度主宰美元命运，主权危机正是有意而为之的欧元阻击战。由于在交易额大于了1亿美元的时候，就必须向政府上报的制度，并且政府也有权去否决，这就必须要满足联邦油耗效率和排放规定。那么，对于曾经的资本主义工业模范来说，这就为国家资本主义打开了一道长长的门缝。

在悬崖边的通用

2008年9月，面对汽车行业的每况愈下，通用的现金流也已经无法长期维持汽车行业的正常运转。通用、克莱斯勒以及福特公司便开始一道向国会申请了250亿美元的贷款。而瓦格纳也公开表示有信心能够在国会9月休会之前，批准250亿美元对汽车行业的贷款。但是，现实总是残酷的，由于国会中大多数议员都普遍认为，不应该将纳税人的钱花费到通用这类实体企业的无底洞中，所以250亿美元的贷款申请也一直处在搁置状态。

到了2008年10月9日，通用汽车的股价一天就暴跌了31%，这种现状甚至已经回到了1950年时的水平，也正是这个金秋10月，通用汽车的销量下跌幅度最大，总计下降了45%，只有区区的16.9万辆。然而，噩梦并未就此打住，到了11月7日，通用公司就表示“剩余的储备资金可能仅仅可以维持到第二年上半年”，尽管第四季度的“烧钱”速度，已经每个月降低了10亿美元，但是如果没有政府的帮助，公司仍然无法生存。

对于此时的瓦格纳来说，或许只有两条路可以走，要么就是等到贷款到手可以渡过难关，要么便是破产走人。同时，瓦格纳也为了能够获得国会的支持，他甚至抛出了只拿一美元年薪的承诺。甚至暗示到，如果政府能够同意救助该公司的条件之一是要让他辞职的话，那么，他也会义不容辞立刻走人。而惟一令瓦格纳感到欣慰的是，汽车工会和瓦格纳是站在一起的，也有很多拿高额工资的汽车工人成为了瓦格纳的坚强后盾。最终，通用的“求救”出现了奇迹，“外援”加拿大方面表示有望向美国汽车巨头通用、福特以及克莱斯勒加拿大分公司提供大约60亿加元的财政援助。而在美国本土，在为期一个星期的间断性听证会的最后一天，2008年12月10日，最终美国众议院通过了150亿美元的救援计划，瓦格纳听到这个消息后欣喜万分。然而，到了11日的听证会上，美国参议院却又突然否决了总额为140亿美元的汽车业救援方案，原因就是由于美国汽车联合工会（UAW）“突然”站到了工人的那一边。这就让刚刚从悬崖边拉回来的局面再次走到了破产的边缘，而在面对工人利益和工厂存亡的抉择中，布什政府最后作出了民主党信条的努力，在2008年12月19日，通用汽车公司终于获得了政府94亿美元的贷款。

国家资本主义的浪潮

通用虽然通过94亿美元的贷款可以暂时渡过生死之关，但是对于瓦格纳来说，他同时还面临着一系列的严格限制条件。这就需要重温一下，1955年，前通用总裁Charlie Wilson的一句名言：“对通用有利的就是对美国有利。”也正是这句话成为了美国国家资本主义干预的道德追溯，并且还全然不顾美国资本主义自由市场的信条。

面对三大汽车巨头，史无前例的美国国家资本主义浪潮已经席卷而来。2008年9月7日，美国政府便宣布要斥掉巨资来接管“两房”，到了9月14日，第三大投行美林就被美国银行收购。也正是在同一天，美联储联合十大商业银行成立了700亿美元的平准基金，为了帮助金融机构来应对严重的信贷危机，同时，也为了能够重建金融市场的信心以及秩序；9月16日，美联储宣布向最大保险公司美国国际集团（AIG）提供850亿美元的贷款，79.9%的AIG股权归政府所有。对于美国政府的救援措施还是以“很猛很迅速”的方式延续着，甚至还动用了高达7000亿美元的资金购买遭遇困境的金融机构资产负债表上的不良资产。当然，随之而来的是批评者也越来越多，很多人认为最有效、也是最直接的方法就是用财政资金向金融机构注资，而不是购买金融机构的不良资产。最后，共和党政府的财长保尔森不得不两次调整方案，并且还向其中加入新的内容。在最终得到美国参议院和众议院通过之后，并由布什来签署实施。华尔街暂时止血，但随后的汽车行业困境，还是让汽车行业都期盼还能够享受到“华尔街的待遇”。

然而，这一次他们或许还是错了至少一半。由于美国政府实行政府干预，“国家资本主义”的手段还是受到了诸多国内因素的制约，这就出现了要面临着自由主义与国家资本主义两种势力的博弈。由于在2006年通用落难的时候，美国政府便选择了袖手旁观，并没有给予通用资金的支持。那么随着美国等各国政府的“国有化”行动而向左转，自由主义在美国似乎被长期检讨着。

●资本主义将会何去何从

面对这场资本主义幽灵的侵袭，保尔森的一句话或许可以说明一切，“我相信市场，但我也相信政府应该有其角色。与其事后修改历史，我宁可开创历史，做点事情，尽管可能不尽如人意。”对于保尔森的这番话，其实是意味深长的。作为共和党政府的高官，都可以有如此深刻的见解，实际上也是预示着美国不干预主义要走到尽头了。与此同时，对于国家资本主义的回归也是为世界提供了一次反思自由市场经济模式的时机。

国会的交锋

美国众议院议长南希·佩洛西表示：“为避免一家或多家美国主要汽车制造商倒闭，国会和布什政府必须采取紧急措施。因为它们一旦倒闭，将对经济产生极坏的影响，尤其会对这一行业的从业人员造成致命的打击。”对于她公开敦促布什政府采取行动并且要给予三大汽车公司资金支持的举动，使得美国公众在关注她建议的同时也关注她的另一个身份，她是否也是一个民主党人，他们支持贷款给三大汽车公司。在外界看来，随着民主党的上台，这一举动或许会对汽车业有更多的帮助。而在救市上，共和党政府却一度坚守的是自由市场的信条。

而美国财长保尔森却在此前突然宣布：“美国联邦政府的救市资金将不会用于购买各大银行的有毒资产，也不会用于注资濒临破产边缘的汽车工业。”这一声明的确对外界起到了很大影响。尽管面临着一旦不去拯救三大汽车公司，很可能最后出现的就是导致了大量失业以及扩大对实体经济负面影响的质问。但是在共和党执政的布什政府，却仍然坚持了他们的信条，认为金融危机并不是自由经济的错，而大规模政府干预也并不是解决金融危机的万灵药。

很多人由此便感到困惑，究竟是为了美国资本主义的信条而坚守呢，还是为国家的资本主义打开了一条门缝，可以让纳税人的钱无节制地从中泄漏呢？而当2008年9月底通用提出资金援助申请之后，民主党和共和党、工会代表、汽车行业代表、自由派经济学家、国家资本主义支持者都在国会一一登场。国会的交锋也正式拉开序幕。反对力量振振有辞地声明："动用政治力量去替代经济力量推动产品市场竞争代价非常大。"而支持援助通用等汽车行业的人士却对未来的国会投票都表示出了非常乐观的情绪，认为众议院最后还是会通过援助计划，因为民主党主导着众议院。甚至批评者还表示，这是在干预经济运作，并且标志着美国自由市场经济很可能就此终结。

"这只是通用等汽车公司自身的问题，他们开给工人的工资过高，耗油多的车辆又不符合时代潮流，遇上经济危机自然会出问题，为什么要政府拯救。"哈佛大学经济学家 JeffreyA. Miron 表示了对拿纳税人的钱拯救通用的不满。而这一点却也得到了支持救援通用的 YenChen 的认同，"一般来说，工会里面的汽车行业工人在大多数美国的州里面收入算制造行业中最高的了。"对于国会中的激烈交锋，JeffreyA. Miron 表示："现在这样做是国家资本主义的回归。"同时，他也甚是担忧美国未来的经济走向。

未来之途

即使获得了 94 亿美元援助的通用，却只能坚持到 2009 年 3 月底。而未来的通用将要何去何从，美国政府是否还会愿意再度出手拯救？对于自由市场与国家力量的博弈和平衡，几乎变成了每个国家都必须要面临的难题。同时，几乎也没有人会再去怀疑，如果美国再次回到不干预的时代，那将是非常漫长的等待。或者说，干预正是意味着美国"国家资本主义"幽灵仍然徘徊在华尔街之上。

面对外界对此的忧虑，JeffreyA. Miron 表示："尽管政府在掌握或者资助私营企业中发挥重要作用，但之后其就不可避免地干预这些企业生产、管理和销售决定。”同时，也有很多的学者和政界人士则普遍认为，“即使当前国有化也只是为了保护私有财产，终究还是会国退民进，还自主权于私营企业。”

正如外界普遍认为的，伴随着国有化的国家资本主义回归，或许也只有当面对经济危机与战争的时代才会“爆发”。而等到经济发展顺利的时候，自然就会悄然隐退，并且也会无力对抗自由市场的经济思潮。经历过20世纪70年代的滞胀时期，对于来自共和党的里根政府来说，他们在执政期间，开始大规模地推崇不干预主义，或者称为新自由主义。这就进一步奠定了市场能够解决一切问题的现实基础：低税收、少调控、小政府。而对于自由市场来说，在美国“群众”的基础上也随之森然。那么，就很有可能会出现，由于缺乏政府的干预，导致的美国经济陷入到更深的衰退，并且未来如果政府想要再恢复经济就必须付出更大的代价。

Yen Chen这样表达了他的观点：“自由市场理论基础和凯恩斯主义是完全相反的，但是在事实上，它们在美国的经济中无处不在，都是相互共存。比如，提供给农业行业和最少工资人士的补贴。而我们期待的是一种受约束的自由市场社会。”Yen Chen最后也说到，“通用或许是一个典型的案例。”

CHAPTER 7

第七章

追寻资本市场“做空”的真相

1602 年，荷兰阿姆斯特丹成立了世界第一家证券交易所，如果你觉得证券价格太高，就用卖空来赚钱，随着交易所的成立，做空应运而生。做空机制对于投资市场来说，固然有着积极的作用，但其负面影响也不容忽视。华尔街证券市场发展的历史曾多次证明了由于做空而引起的巨大金融动荡。

1. 欧洲证券市场：做空的起源

●做空交易的起源和发展

做空交易在国际债券市场上很常见，是一些套利基金赚取债券二级市场差价的一个重要手段。什么是做空交易呢？在没有债券的情况下，市场参与者先从市场上融入债券，再卖出融入的债券，这样就可以在债券价格下跌后，以较低的价格把卖出的债券再重新买回，并归还给债券的融出方，这种交易行为就是供养做空交易。这种交易，可以使没有债券的交易商从中赚取债券卖买的差价。

做空交易的起源与强大的生命力

17 世纪初，欧洲证券市场开始出现做空行为，所以做空到今天为止已有 400 多年的历史。1609 年，荷兰商人想试着与当时新发现的国家和地区进行贸易往来，就以股份制形式组建起了荷兰东印度公司，因为当时在市场上不断出现对荷兰东印度公司利好的消息，该公司的股票也因此不断上涨，这样就形成了巨大的泡沫，在这样的背景下，有不少投机商在认为股票的价格已远远背离了其价值的情况下，便开始卖空股票，该支股票在巨大的抛压下迅速崩盘，卖空者也因此而得到了巨大利润，但是同时股票持有人却遭到了严重的亏损。而卖空交易就是从这个时候开始的。后来，比较著名的卖空交易是1634~1637年间发生在荷兰的郁金香案例，由于市场上买卖的郁金香根茎数量比实际的产量多出了许多，泡沫破灭后，致使不少交易合约不能兑现而被迫毁约。

做空交易对正常证券（或商品）持有人来说是一种很大的伤害，做空者的盈利来源于做多者的损失，所以荷兰东印度公司股票泡沫破灭后，其董事就向荷兰阿姆斯特丹证券交易所申诉，认为做空行为是致使该公司股票暴跌的主要原因，做空行为会给无辜的投资者带来巨大的损失。1910年2月，荷兰阿姆斯特丹证券交易所通过了新的交易规则，对卖空行为予以明确的禁止。但是法律上是禁止了卖空行为，而卖空行为并没有因此而消失，还是时有发生，后来荷兰阿姆斯特丹证券交易所索性又取消了这项规定，所以卖空交易又可以合法地进行了。

英国、法国和美国等发达国家的市场做空经历同荷兰很相似：起先对做空并没有限制，交易商在证券市场上进行卖空交易，当证券市场崩盘后，监管部门就制订了相应的禁止规定，但是后来又根据市场变化而取消了对做空交易的禁止令。所以，做空交易的生命力是很强的。

如今做空交易已经经历了几百年的风风雨雨，理论界也对其有一些不同的看法，但是在实践中做空交易方式已经被金融市场的参与者认可。也就是说，在现代主要的国际金融市场上，做空交易已经演变成一种比较通行的交易方式，凡是可以进行做多交易的金融产品，一般都可以进行做空交易。在金融市场上，做多交易和做空交易相辅相成，一起推动着市场的不断发展。

为什么做空交易有着很强的生命力呢？因为市场参与者能够通过做空交易获得巨额利润，而且做空交易对金融市场的发展也有着积极的作用。

做空交易利在何处

对于金融市场泡沫的形成，做空交易可以对其有着减缓的作用。做空交易是一把悬在金融市场上的利剑，能够一直警醒市场参与者不能将金融市场的气球吹得太大，若市场涨得太多，或者背离了价格围绕价值变动的基本规律，卖空交易这把利剑就会刺破气球，泡沫很快就会破灭。因此，从这个角度来讲，卖空交易让金融市场更为清醒。

在金融市场上，看涨与做多一直是一个永恒的主题，因为市场参与各方都有看涨的内在动机。金融市场的一项主要功能就是融资，发行体希望涨，如果市场一上涨，筹资当然就容易了，成本也就低了；投资者希望涨，如果市场上涨，投资的资产升值，能够得到更多的回报；市场中介如投资银行也希望上涨，因为市场上涨，可以使它们代理发行更多的股票、债券等，从而赚到更多的佣金；媒体也希望涨，若市场涨，它们就有了更高的发行量和收视率，赚到更多的广告收入。所以，市场看涨对各方都有益。

而且，许多的闲散资金也为市场上涨提供了有效的资金保证。中央银行的货币供应量始终高于名义 GDP 增长水平，这是一个世界性的现象，大量积累的流动资金需要出路，源源不断的资金供给使金融市场很容易泡沫化，这也是国际金融市场不断重复膨胀—破灭—再膨胀—再破灭这一循环过程的重要原因。证券市场发展的历史事实向我们表明，就算金融市场泡沫再大，持续时间再长，也有破灭的时候，而每次泡沫的破灭对实体经济来说都是空难性的毁灭。

做空交易对金融市场泡沫化有一定的制约，而卖空者会对过分投机的金融产品乘虚而入，使做多者蒙受损失。美国市场认为，若没有做空机制，美国在20世纪末的股市泡沫中可能会出现更多的安然公司。根据金融市场的发展实践，可以看出做空确实能够减小投资者盲目的追涨动力，使投资者趋于理性，更好地反映金融市场上的价格。

做空增强了市场的流动性。流动性充分与否是检验金融市场是否成熟的标志。若市场没有流动性，投资者尤其是机构投资者就不会轻易来到这个市场，而市场也不可能发展起来。在只允许做多的市场中，尤其出现单边行情时，流动性问题就常常出现。当做空交易进入市场后，只要交易商觉得有机会可钻，就算没有筹码，他也可以通过融入金融产品的方式将其卖出，这样就在一定程度上限制了市场单边行情的延续。所以，做空交易能够大大地促进市场的流动性。

做空交易利于市场规避风险。在金融市场上，除了信用风险之外，市场参与者面临的一个最重要的风险就是市场风险，即因市场价格变化而引起的潜在的发生亏损的可能性，如债券投资者购买了一支10年期的债券，收益率为3%，那么该债券持有人就承担了债券收益率上升或者说价格下跌的风险。在没有做空交易的情况下，如果该投资者不愿承担市场风险，其惟一的办法就是将该支债券卖出。但这样就无法获得债券潜在的资本利得及固定收益；而在有做空交易的市场里，该投资者就能够一边持有债券，一边卖出同等数量的该支债券，从而锁定该支债券的收益和风险，而这个时候不管市场怎样变幻莫测，其持有者都可以进退自如。

做空交易对市场的弊端

对一级市场的融资行为非常不利。资金融通是金融市场的基本功能之一，为金融产品的供需双方提供直接结合的机会，即需要资金的企业能够在市场上筹集到所需要的资金，需要投资的机构和个人能够在市场上买到自己希望投资的产品。二级市场交易一个主要的目的就是更好地发展一级市场，拓展一级市场的资金融通功能。但做空交易的方式是让市场下跌，而“买升不买跌”是市场规律，所以投资者无论如何也不可能在市场下跌时进行投资，所以当市场下跌时，一级市场的融资功能就会大大减弱。

做空交易与主流投资的理念是背道而驰的。大部分投资者是把自己剩余的资金予以投资，再赚取更多的收益，先投后收。但是做空者却不需要先投资，他将证券卖出就是为了让其价格下跌，然后他就可以更低的价格再买进，他的赢利是建立在多数投资者损失的基础上的。

对资金从虚拟经济向实体经济过渡非常不利。分享实体经济增长所创造的价值是金融市场投资的主要目的，把资金投资到产业部门，从而带动产业发展，使社会财富的积累有所增长，如股票市场的分红、债券的利息支付等。而做空交易纯粹是投机行为，是在掠夺价值，对资金从虚拟经济向实体经济过度非常不利。

易引发证券市场产生巨幅波动。因为卖空者当进行做空时，他自己并没有筹码，他卖出的金融产品从市场上借入，到期还要归还。如果卖空者判断失误，卖出的金融产品并没有像他认为的那样会下跌，反而是大幅上涨，那么卖空者就会遭到巨额亏损，若亏损超出了卖空者可以承受的范围，就造成了市场资金链的断裂，从而中断了正常的运转。

此外，卖空交易还可能导致市场崩溃的加速，因为追涨杀跌是金融市场普遍的操作手法之一，如果市场大幅下跌，不明真相的市场参与者首先的反应就是抛出逃离，若出现严重危机，过量的卖空行为就能在极短的时间内就把市场拖垮。

对做空交易的几点认识

1. 做空交易是一个交易工具，有着非常强的生命力，虽然在历史上曾被许多国家以立法来予以限制，但是它最终还是存活了下来，并在全世界得到了不断的壮大，目前主要的国际金融市场上均有做空交易的存在。

2. 对做空交易来说，风险防范是相当重要的。做空交易事实上就是一种杠杆交易，交易商能够用少量的资金运作很大的交易盘。比如，当做空者借入债券时，只需要投入一定的保证金，他的实际资金投入是很少的，但其借入的债券数量可能会比投入资金高出数倍，也就是说做空者的盈利和损失都将是巨大的。

3. 做空交易本身并无好坏之说，对市场有利也有弊，重要的是怎样科学地予以运用和监管。

2. 索罗斯：以“做空”而驰骋华尔街的大师

●索罗斯：超级金融天才

乔治·索罗斯是一位名副其实的“超级金融天才”，他动用庞大的资金力量，瞄准最薄弱的环节，在被狙击对象状态最不稳定的时候，以高卖低买的方式从中大举得利。

索罗斯如何做空

自1969年建立“量子基金”以来，索罗斯创造了非凡的业绩，其综合成长率平均每年以35%的速度增长，令华尔街的同行们大为震惊，评价他有一种超能的力量左右着世界金融市场，他的一句话就能够引起某种商品或货币的交易行情突变，市场的价格随着他的言论上升或下跌。有位电视台记者对他做出了形象描述：“索罗斯投资黄金，黄金价格上涨；索罗斯质疑德国马克的价值，马克汇价骤然下跌；索罗斯投资伦敦房地产，于是当地的房产价格瞬间扭转了长久以来的颓势局面。”

那么索罗斯是以什么手法来做空呢？我们来看一下20世纪90年代发生的那场“货币狙击战”。随着时间的推移，英国政府感到维持高利率的政策让自己越来越有压力，它请求德国联邦银行降低利率。结果证实了索罗斯的见解：德国联邦银行担心降息会导致国内的通货膨胀，拒绝了英国降息的请求。由于英国经济的日趋衰退，英国政府需要通过英镑贬值来刺激出口，可是英国政府受欧洲汇率体系所限，必须极力地维持英镑对马克的汇价。因此英国的高汇率政策受到了不少金融专家的质疑，其国内商界领袖也要求降低汇率。

1992 年夏，尽管英国首相梅杰和财政大臣在所有公开场合都表示英国有能力把英镑留在欧洲汇率体系内，现有的政策绝不会改变。而索罗斯却不相信，他认为英国只是在虚张声势，它根本不能保住在欧洲汇率体系中的地位。后来，英镑对马克的比价不断下跌，英国政府开始运用政府干预，也没有产生好的预期，于是索罗斯更认为自己的判断是正确的，他决定在危机突出时开始出击。

采用最简单的手法

1992 年 9 月 15 日，索罗斯大量放空英镑。其操作手法简单来说就是：从银行借贷英镑，再去外汇市场上全卖掉，转换成德国马克，过程所产生的卖出压力将导致英镑贬值。若计划成功，索罗斯就可以用比卖出的时候低得多的价格再重新买回英镑，归还银行。这种“高价卖出，然后低价买进”所产生的差额就是索罗斯从中获取的利润。假如索罗斯一人在与英国较量，英国政府或许不用太担心，但是索罗斯孤军作战，他一抛售英镑，就会吸引更多的跟风卖盘，全世界外汇投机者也开始跟着他卖出英镑，在这种局面下，英镑被迫贬值。英镑对马克的比价一路下跌到 2. 80。虽然英格兰银行也购入了 30 亿英镑，但这比起索罗斯个人抛售的英镑额来讲，简直是杯水车薪，他一个人就抛售了 70 亿英镑，而那些跟风的国际游资更是天量。傍晚收市时，英镑对马克的比价已跌至欧洲汇率体系规定的下限，此时的英镑已经处于退出欧洲汇率体系的边缘位置。

英国财政大臣也紧急采取措施应对危机。他请求德国降低利率，但遭到德国的拒绝，他只得请求首相上调本国利率2%～12%，想以高利率吸引货币回流。一天之中，英格兰银行两次提高利率，利率高达15%，可是为时过晚，英镑汇率还是没有站在2.778的最低限上。在此次保障英镑的行动中，虽然英国政府动用了269亿美元的外汇储备予以救市，但还是遭到了失败。

●赢得最大的利润

1992年9月15日，英格兰银行不得不向国际投机者投降，公布已无法维持英镑的汇率，英镑因此而退出欧洲汇率机制。为此，英国人把这一天称为黑色星期三。该事件是欧洲统一货币进程中遇到的最大挫折，英国受到了强烈打击。之后，意大利和西班牙也先后公布退出欧洲汇率体系的消息，意大利里拉和西班牙比塞塔也开始贬值。如今，英国人以及欧洲人一提起索罗斯就恨之入骨，骂他是“夏洛克”，把他形容为《威尼斯商人》中冷酷的犹太商人。但索罗斯毕竟是这场袭击英镑的战争中最大的赢家，《经济学家》杂志称其为“打垮了英格兰银行的人”。而索罗斯从中所获得的总利润达20亿美元，这一年，索罗斯的基金增长67.5%。他由于净赚6.5亿美元而登上《金融世界》杂志华尔街收入排行表冠军位置。

两次狙击战手段相同

在第二场狙击战中，索罗斯将目标瞄准了泰铢，作为亚洲金融风暴的始作俑者，索罗斯这次所用的手法与上一场英镑狙击战几乎相同。20

世纪 90 年代中期，东南亚各国经济过热现象突出，为了降低通货膨胀率，虽然中央银行采取了不断提高银行利率的办法，但是这种方法也为投机者提供了更多的机会，而银行本身也加入到了投机者的队伍之中。这就导致了一个比较严重的结果，银行短期外债剧增，假如外国游资一旦流走，就会产生金融市场的大幅震荡。由于在东南亚各国泰国金融市场的自由化程度是最高的，所以出现的问题以泰国最为严重。

由于索罗斯看准了这一局面，决定大举向泰铢进攻，然后再扫荡整个东南亚市场的资本市场。1997 年 2 月初，以索罗斯为主的国际投资机构大规模抛售泰铢，并于当月向泰国银行借入 150 亿美元的数月期限的远期泰铢合约，再到现汇市场进行抛售，致使泰铢汇率大幅度变动，导致金融市场动荡。5 月 7 日，货币投机者通过经营离岸业务的外国银行建立即期和远期外汇交易头寸。自 5 月 8 日起，他们又从泰国本地银行借入泰铢，在即期和远期市场以大量出售泰铢的方式沽空泰铢，促使泰铢即期汇价骤然下跌，沽空行为一直持续至 7 月。泰国金融市场因此而被搅得一片混乱，金融危机爆发。而索罗斯于 5 月份出手约 60 亿美元狙击泰铢，在这次金融危机中他又是最大的受益者。

3. 华尔街做空盛大内幕

●盛大的战略转型给股市留下了做空的机会

2005 年 11 月，随着让盛大公司一夜成名的网游《传奇》的免费，盛大开始了一场最昂贵的战略转型。除了将《梦幻国度》、《热血传奇》宣布“永久免费”之外，为了进军家庭娱乐市场，盛大不惜花重金打造“机顶盒”。

由于受到转型的影响，盛大盈利的不确定因素增加，华尔街正是预期到了这一点，开始对盛大做空。在转型过程中，盛大原有业务的盈利不断下滑，而新的业务又不能大量盈利，导致公司整体的盈利下滑。由于盛大盈利低于华尔街分析师的预计，所以华尔街对盛大做空也是必然的。

盛大被做空的背景分析

在华尔街，中国经济的泡沫论已成为一种新趋势。曾有投资人士说，一种新的舆论方向正逐渐在中国市场经济中发展，那就是看空。在这种舆论方向的指引下，一定会有人将看空付诸实践。看空中国很时尚，做空中国更为简单。

在美国金融危机的影响下，花旗银行也遭受重创，其股票价格也跌破了很多做空者的眼镜。他们原本以为，如果将花旗银行做空，一定必赚无疑。因为在当时，美国财政部要把在花旗银行持有的27%的股份向市场抛售，大量股票一旦流入市面，花旗必将面临下跌的处境。然而，做空者却没有想到，由于美国迅速且超前恢复了消费者信用品质，财政部向花旗银行投入救市基金后，不但没有赔本，反而赚了。美国政府并不急于出手，而是想坐等花旗续涨。花旗为期一年的转型也成功实现，股票价格一路攀升，因此做空者损失惨重。

华尔街分析人士指出，美国股市持续攀高，其中一个原因正是那些“大意失荆州”的做空者被“逼空”后，为避免更大损失而忍痛不断投钱赎回股票，成为推升股市的力量。

由于美国股市牛气冲天，美国政府又针对做空者的行为制订许多严厉的法律规定，做空消费型股票或一些受经济形势影响较大的大宗商品如原油等，都不再是容易的事情。因此，华尔街一些做空者就把目光转向了中国。

而在当时的中国市场环境下，盛大集团的发展状况并不是很乐观。2005 年最后一季度，盛大净亏损 5.39 亿元，全年净利润摊薄至 1.65 亿元，较 2004 年下降了 72.9%。针对这一情况，盛大在其公司网站对外声称，该季度净亏损主要是因为计提了总计 5.21 亿元的非现金形式的减值准备，而这一减值准备则是为了反映盛大持有的 Actoz 股份的公允价值。

对于这一解释，业界议论纷纷，而专业人士却并没有对盛大公司董事长陈天桥的业务模式及管理水平作过多评价，只是从财务角度对这笔来自 Actoz 的巨额亏损作出分析。

为了解决《传奇》版权纠纷问题，陈天桥信心百倍。2005 年 2 月，当盛大刚刚在纳斯达克上市时，陈天桥便收购了《传奇》的版权所有者——韩国游戏公司 Actoz 拥有的 38% 的股份，总金额约 1.06 亿美元，其中也包括超过当时市价部分的溢价。在完成收购后，陈天桥同时担任了 Actoz 公司的董事长，盛大 CFO、有软银背景的李曙君成为了 Actoz 的董事，在当时看来，一切都那么美好。

然而，投资者对投资韩国互联网企业的热情并不像投资中国企业那样强烈。自从盛大收购 Actoz 以后，Actoz 的股价严重下跌，盛大之前投资的股份在当时只值 3000 多万美元。根据国际财务制度，如果盛大继续在其资产负债表上体现 Actoz 的价值为 1.06 亿美元，已不再现实。盛大只有采取适中的办法，把 Actoz 投资的减值部分通过损益表一次性体现，也就是注销。

这种做法，新闻集团的默多克用过好多次。最具影响力的一次就是在 2002 年下半年，新闻集团因骏升国际集团在财务管理方面作假等原因，将其在后者中拥有的全部股份一次性在财务报表中注销，金额高达42.3亿美元。新闻集团也因此能够轻装上阵，如今成了发展势头最好的传媒企业，而其“注销”后的Gemstar，在默多克直接任命的经理人的管理下，也已经东山再起。

在现在看来，陈天桥做的还不够彻底。当时的情况已经很差了，要想让Actoz东山再起也很难实现，而他却没有把财务账上的Actoz的所有股份全部处理掉，导致盛大不能实现轻装上阵，背负着巨大的经济负担，影响了盛大整体的盈利。

做空的机会

在公司调整策略转型期间，盛大并没有把握好企业发展的节奏和方向。陈天桥希望盛大实施的战略能避开政府的管制，从而降低网游同质化所带来的风险。然而陈天桥盲目乐观地认为，以盛大的实力，完全可以成为网游界的老大，所以涉及了IPTV、易宝等各方面，导致转型的战线拉得过长，影响了转型的速度和效率。

事实上，自从2004年12月底，盛大的股价达到最高44.3美元以后，便开始持续下跌，在2005年度财务上报当天，盛大的股价已经下滑到13.55美元，其市值也跌破10亿美元，截至2005年2月28日收盘时，盛大的市值只有9.65亿美元。

2005年3月，陈天桥因为收购新浪19.5%的股份而成为舆论焦点。但是，短短一年时间，盛大就从高峰跌下，盛大在第四季度亏损6680万美元，创造了中国互联网上市公司的亏损之最。其第四季度净营利收入约4470万美元，同比下滑16.3%，比上一季度下滑27.8%；净亏损约6680万美元。

2005年8月底，盛大的股票价格开始大幅度下滑。到2005年10月份，盛大的股票便下跌到每股只有24美元。作为中国游戏产业最赚钱的公司之一，盛大的股票在当时已经基本上跌倒了谷底。之后不久，华尔街的分析师开始将盛大的股票评定为“卖出”，盛大股票下滑趋势已经不可避免。

在转型问题上，陈天桥说，盛大的计划不叫转型，但客观上确实是在转型。他认为盛大的业务几乎全部来自于网络游戏，如果一个企业的主要经营项目发生了变化，那么就是转型。他还表示，盛大从成立第一天开始就是朝着自己的目标发展的。从创业的第一天起，盛大就希望能够发展成为互联网行业的“迪斯尼”，成为一个互动娱乐媒体企业。盛大希望借助互联网这个载体，集成各种娱乐内容，把它提供给家庭用户，而不仅仅是一个主营网络游戏的企业。

其实早在2002年，国内其他几大门户网站还没有实现赢利的时候，盛大就率先实现盈利，并且收入相当可观。从这个事实来看，盛大的转型是一个自觉转变的行为，而不是被动的自我救赎。2005年年底，随着《梦幻国度》和《热血传奇》的相继免费，第三款游戏《传奇世界》也加入了免费的行列。对盛大的此次举动，业界普遍认为，盛大是经受不住九城《魔兽世界》和网易等热门游戏的冲击，为了挽留玩家才迫不得已走上免费的不归之路。

而盛大表示，虽然《热血传奇》已进入衰退期，但其带来的收入依然达到1亿多元，平均同时在线用户数也有20多万人。虽然比《魔兽世界》的业绩略低一些，但比网易的支柱游戏《大话西游 Online Ⅱ》要好得多。显然，盛大的免费是为了挽留和吸引跟多的玩家，但同样也是为转型让路。而以一个季度的收入为代价，则成了盛大背负梦想浴血狂奔的极佳注脚。但是，盛大的转型梦想从一开始就注定只是开始而不是结束。因此，在盛大公布了2005年第四季度收入情况后，其净亏损

6680万美元的大幅标题，就成为了多家网络门户和IT专业网站科技版的头条。显然，盛大第四季度的收益不容乐观，这是意料之中的事，但情况如此之差，却是人们难以想象和接受的。

2005年下半年，国内的一些"热钱"和华尔街的一些基金也开始了对盛大的股票做空。盛大的亏损是有史以来最严重的一次，而正是盛大的战略转型给股市留下了做空的机会。由于受转型的影响，未来赢利不确定性因素随之增加。正是预见到这一点，华尔街意识到卖空盛大的时候到了。对一个企业来说，转型必然会遭受阵痛，其赢利只要低于华尔街分析师的预计，哪怕是一分钱，华尔街都必然会用脚来投票，这就是华尔街敢于做空盛大的主要原因。

4. 卖空者是市场上真正的金融侦探

●卖空者并非欺凌弱小，是"金融侦探"，而非"金融巫婆"

对于出借股票的中介公司来说，向卖空者出借股票是有益的行为。因为这些公司不仅能够实现对客户的全方位服务，而且还可以使股票升值。同时，出借公司还可以通过卖空者对股市的判断，适时采取措施保护自己。

事实上，做空是一件很难的策略，从长远来看，股票的价格不会下跌到零，必将有上涨的时候。卖空者有助于股市价值的发现，有利于平衡市场。"苍蝇不叮无缝的蛋"，卖空者趋之若鹜的股票价格往往会被高估，考虑到股票涨跌的趋势，卖空者必须有十足的把握才可以对市场做空，因此卖空者被称为金融市场上的"侦探"。

卖空者对市场的利弊

针对美国证交会宣布了禁止股票市场卖空行为的决定，《福布斯》专栏作家约翰·塔姆尼认为，该决定必然会破坏卖空者在股票市场的重要角色，在一定程度上甚至会影响整个金融体系及美国的经济发展。

事实上，卖空者是市场投资者的有益朋友。从市场来看，当某个公司的股票价格有下滑趋势时，卖空者便会卖出从出借公司借入的股票，然后当该公司股价出现下跌时再买入股票，偿还给股票出借公司。这说明了卖空者最终还会将这些股票转移到原始股票持有者手中，卖空者只是从股票下跌的过程中得到中间利润而已，他们正是通过抛售、买入、再进入市场时的股票差价实现收益。

在卖空者经历的下跌无理由时，卖空者抛售只是避免持有股票带来损失，然而为了在亏本的情况下买回那些股票，他们必须重新进入市场，这样他们才能够重新获得收益。从这一层面来看，卖空者便会遭受损失而投资者便能获得收益，因为卖空者的行为等于增加了股票需求。同时，长期持有者也能够实现盈利，因为在这个过程中，卖空者已被定义为买主。

设想一下，卖空者对某一企业的前景展望是正确的，那么他们一定会在某一点购回这家企业的股票。从这个角度来看，卖空者在市场中扮演着十分重要的角色。他们通常会保护那些处于观望状态而不急于进行的短期投机活动，因为最终他们将极有可能成为购买者。

所以，当2008年美国限制卖空的建议刚被提出，投资者不禁为市场感到担忧。其一，头脑正常的投资者想要拥有的是那些价格没有包含全部信息的股票，不管是好的信息还是不好的；其二，即使投资者忽视卖空对股票价格的影响，他们也需要对股票下跌提供保护。而能够提供这种保护的途径之一就是允许卖空者像平常一样完成他们的工作。值得肯定的是，卖空者即是最终的购买者，也就是说他们就是下跌保障的化身。

美国证交会主席玛丽·夏皮罗在一定程度上也承认了卖空者在股票市场的重要性，然而她却投票赞成限制卖空者。她认为个人证券投资行为过度担负了价格下降压力，加之对强迫性卖空的担忧，这些都将会破坏市场稳定并削弱投资者信心。

事实上，由于监管机构的不负责和管理的不完善，才是真正使投资者对股票市场失去信心的原因，而这正是卖空者试图根除的。回顾股票市场过去的那些重要公司，包括安然公司和雷曼兄弟，这些公司曾经高高在上的股票，正是金融体系中的“侦探”、短期操作者揭露了他们所谓的“皇帝的新衣”，揭露出他们公司内部金融体系的很多弊端。

自由进行投资交易的卖空者不但不会破坏投资者对洁净股票市场的信心，而且还限制了投资者可能买进的错误股票的数量，有利于他们做出正确的投资判断。然而，美国证交会推出的限制决定必将会减少欺骗事件的爆光，只能使破产企业的数量增加而非减少，因为投资者被一些虚假的市场信号误导了投资的方向。

因此，有关监管机构如果试图隐蔽那些本该透明的东西，不但不能提高投资者对经济体系和股票市场的信心，而且还会在企业出现重大问题时，减缓经济及市场的复原进程。

或许美国证交会的限制决定是出于积极的监管市场而作出的决策，市场是全球化的，如果美国监管机构不能够以成熟的心态理解卖空者的作用，那么世界其他国家的股票市场必将会受到美国证交会击退的那些交易量的影响。如果不愿意接受现实，其他国家市场也会仿效，长此以往，整个金融体系也会受到限制，影响经济的正常发展。

是熊市替罪羊，而非金融巫婆

对于卖空者来说，当股市下滑趋势出现逆转时，他们便会成为“替罪羊”。

多数投资者都一致认为，卖空者是一个健康股市的重要组成部分，但当空头开始抛售他们的股票时，这种想法就改变了。安然公司的首席执行官曾一度对抱怨该公司没有公布资产负债表的卖空者破口大骂，马来西亚财政部甚至对恶性卖空者实施鞭刑。

随着股市逐渐下滑，大量的金融机构遭遇了做空。从美国的贝尔斯登和雷曼兄弟，到澳大利亚的 Babcock&Brown 和麦格理银行，不一而足，有人开始指责不公平的投机生意。

事实上，西方多数研究机构承认，卖空者对市场而言是一股有益的力量，它可以防止股票价值被过分高估，并帮助寻找合理的价格。大量学术研究也支持了上述结果。耶鲁大学的经济学教授，也是对冲基金 DKRFusion 管理人的 Owen Lamont，在研究后发现，投资人对某一股票做空意愿的强烈程度与该股票事后被证明高估程度正相关。他发现，那些强烈提出向卖空者宣战的公司，多数在更广阔的市场中都表现不佳。

自从荷兰东印度公司向阿姆斯特丹交易所抗议，有人卖空它们的股票以来，卖空者就一直被看作是导致上市公司股价下跌的罪魁祸首。每当股市出现问题的时候，投资者就先拿他们开刀。华尔街股市大崩盘后，美国议会都专门开听证会研究卖空者的问题。亚洲金融危机期间，亚洲政府将矛头直指索罗斯等做空者。

卖空者并非是金融市场上主宰一切的“巫婆”，做空只是少数派的行为。当纽约证券交易所仅有 4.3% 的股票被卖空者做空时，根据 DataExplorers 的数据，FTSE100 指数中仅有 4.5% 的股票被借股沽空，而对于其他股票来说，卖空行为无关大局。

5. 保尔森：坚持做空的方向

●做空要看准时机，还要有胆量

亨利·保尔森 1946 年 3 月 28 日生于美国佛罗里达州棕榈海滩，1970 年从哈佛大学商学院毕业后，保尔森一脚迈进五角大楼，2006 年 7 月就任美国第 74 任财政部长，他曾担任大型投资银行高盛集团的主席和首席执行官。

在一个看似繁荣的市场中，要做到能够先于市场几步大量做空，这需要敏锐的直觉、独立的研究能力以及坚持异见的勇气。从卖空者的智力来看，仅仅看空次贷市场还不是最难的，难的在于高超的交易技巧以及面对暂时巨亏时仍持续保持高仓位的勇气。

趋势投资下的狂赚高手

保尔森在担任美国财政部长期间，是华尔街最赚钱的银行家，而且被公认为华尔街最慷慨的老板。在他的掌管和引导下，高盛成为美国最赚钱的证券公司。而作为高盛集团的首席，保尔森也随之荣升为美国最有影响力的金融高手之列。2004 年，在美国媒体界评选的“华尔街权力排行榜”上，他荣登榜首，同时被冠以“华尔街权力之王”的头衔。

2007年次贷危机来袭，保尔森在危机下为公司狂赚了150亿美元，个人获利达37亿美元，成为一个赚钱能力超强的对冲基金经理人，保尔森的基金也跻身最大的对冲基金之列，至2008年11月，其资产管理规模达360亿美元。

由于对“房价存在40%泡沫”的正确判断，保尔森做空RMBS、ABX指数和CDO，同时做多价格反向运动的CDS。同时，放大了交易杠杆，以12倍于权益的杠杆博取高额利润。2006年，专门做空次贷市场的基金——保尔森信贷机会基金（Credit Opportunity Fund）在保尔森的判断下成立了。到2007年，该信贷机会基金的回报率高达591.33%，之后成立的信贷机会基金二期（Credit Opportunity Fund Ⅱ）的回报率也达到352.92%，超越了同期对冲基金综合指数9.9%及标普500指数5.5%的回报率。

事实上，在次贷危机爆发之前，发现泡沫即将崩溃的不止保尔森一人，也有一部分投资者在危机中获利。例如，太平洋基金管理公司（PIMCO）的债券基金经理比尔·格罗斯、Passport的约翰·布班克、Harbinger的菲利普·法尔肯同样都在次贷危机中赚到钱，但没有超过保尔森，因为保尔森的判断是最准确的。

表面上看，这一策略是典型的单向投资，没有使用任何对冲手段来分散风险。假如，金融风暴来袭晚一个季度，也许保尔森在初期亏损时就无法坚持其策略。实际上，在保尔森之前，也有对冲基金因过早看空次贷市场而发生巨大亏损，最终面临清盘的命运。“保尔森基金也曾经遭受过巨大损失，但他们都度过了难关。在交易技巧上，大方向判断正确，只是使用的方法不得当。”这是有关人士的分析。

保尔森基金给投资者带来警示，不论金融工具如何发达，金融中介机构如何发展，投资人独立调研、保持“众人皆醉我独醒”的清醒态度极其重要。在高度发达的金融市场，只有懂得熟练利用金融创新的成果和复杂的金融衍生品避险、下注，才能获得巨大的收益。

保尔森大获全胜，关键是相信独立分析调研，能先于市场几步看空次贷市场，在执行上的诀窍则是成功地利用了 ABX 与 CDS 这两种新生的金融衍生工具。他的判断是正确的，即便在市场逆行的时候，从头到尾他都很清楚自己在干什么。

投资保尔森基金的人们对管理者的投资行为充满信心，并且锁定了该基金。所以当市场逆行、账面浮亏巨大时，协议要求投资人不能施压要求撤出基金，保尔森基金的投资人都充分信任保尔森和他的团队。

说服投资者在狂热的市场做空是一件很难得的事情，保尔森基金也曾遭遇过许多美国投资者的嘲笑，最初的 1500 万美元主要来自欧洲投资者。保尔森的新基金发展也开始出现问题，房贷市场在 2006 年底至 2007 年初一度持续坚挺，而以投行出身的保尔森并没有迅速斩仓离场，他坚信投资基本面，并加大了赌注。

如今，保尔森仍然看淡房屋贷款市场，然而在 2007 年底，他逐渐淡出次贷相关的信贷衍生产品，回到了自己的老本行，专注寻找并购与其他公司事件推动的套利机会，坚持做空的机会，在次贷市场的游戏，仍将继续上演。

保尔森投资策略

1970 年保尔森一脚踏进五角大楼之后，曾担任过国防部长幕僚助理。在尼克松总统任职期间，他也曾担任总统幕僚助理和白宫内务委员会成员。“保尔森就像一只头牛犬，很像年轻时的国防部长切尼。”保尔森的好友在谈到保尔森早期的华盛顿岁月时，不禁感叹道，“他是推销员中的推销员，他兼具坚韧和热情，这使得他非常高效。”

在保尔森的机智领导下，高盛集团一跃成为华尔街最赚钱的投资银行。高盛的员工数目虽然仅仅是业内“领头老大”美林证券公司和位居第三的摩根士丹利的一半，但高盛每年的盈利都相当可观。除此之外，从2000年开始，高盛集团就一直保持着全球并购业务第一的领先地位。

保尔森在担任高盛首席期间，不仅接连拿下证券承销大单，还引领高盛进入了商品市场。使高盛集团成为商品期货行业最大的炒家之一。从高盛集团的年营业收入情况来看，商品期货交易的收入已经超出了投资银行业务。

2001～2002年，随着美国网络泡沫的破灭，保尔森初次做空得到成功。从2007年开始，美国楼市出现崩溃，股市大幅度下跌，来自全球的投资者纷纷遭受重创，商业银行和投资银行深陷不良抵押贷款的证券，损失惨重。在金融风暴来临之前，虽然华尔街的资深分析师为这些债券的安全性打包票，但还是有一些像保尔森这样的投资者对这些证券实现了做空，从中获得了巨额利润，采取做空策略的保尔森基金公司因为选择了正确的建仓时机而获得了成功。

保尔森的成功获利引起美国政府的高度关注，2008年11月，保尔森作为美国对冲基金的突出人物出席了美国众议院召开的听证会，并在会上为自己的行为进行了辩解。虽然没有违法，但在全球投资者损失巨大之际却在享受财富盛宴的大佬依然受到公众的指责。对于在危机中遭受惨重损失的民众，保尔森捐资1500万美元给资本借贷中心，试图给予帮助那些面临失去房产的民众，同时表示“会采取更多的援助行动”。

2005年夏天，次级抵押贷款市场出现了严重的狂热，次级贷款的风险溢价曲线呈逐渐走低趋势，似乎投资者们在不计风险地疯狂追逐次级抵押贷款相关的资产，这一状况引起了保尔森对冲基金的注意。事实上，从2003年开始，银行贷款利率便持续走低，市场流动性增大，市场对于高风险的次贷资产风险定价太低。当然，泡沫从来都是相对的，对于一些明智的投资者来说是明摆的事实，在市场狂热的时候，对另一些人则未必明显。

2007年2月，美国新世纪房屋贷款公司的大量次级贷款损失，市场顿时惊慌失措。此时的保尔森更坚信了看空市场的决心。在整个2007年前三季度，保尔森基金不断买入CDS信贷违约保险产品，做空ABX指数相关衍生产品。许多银行因为持有大量次贷债券资产使得账面损失持续增长，于是买入CDS这种“保险产品”来寻求风险保护，保尔森基金却保持良好的发展势头。

在2007年短短一年的时间里，保尔森看空信贷市场的两项基金净值就分别上升了590%和350%。2007年初，保尔森旗下的基金共管理70亿美元资产，投资者随之蜂拥而入，到2007年年底，算上基金投资增值，保尔森基金共管理资产达280亿美元，迅速进入世界上最大的对冲基金之列。

正是作出了明智的判断、恰好的投资时机和过人的胆量，才使得保尔森在做空的道路上屡屡取胜，获得了丰厚的财富。

CHAPTER 8

第八章

政府与市场之间的渊源

2008 年 9 月 26 日，美国部分群众在纽约华尔街举行聚会，声呼反对政府救市。这使得美国财长保尔森十分着急，为了使救市计划顺利进行，他甚至在众议院女议长佩洛西面前下跪。那么，政府救市到底可取不可取呢？很多人认为市场的上下波动是属于自主沉浮，政府不应该参与。但是，面对市场经济体系的崩溃，政府难道袖手旁观？政府与市场之间的渊源可谓由来已久。

1. 美国开国元勋汉密尔顿的理念

●汉密尔顿的完美计划

亚历山大·汉密尔顿并不是美国人，1755 年，他出生在西印度群岛的丹尼斯岛，17 岁时与家人来到了美国。汉密尔顿既是美国的开国元勋，又是当年华尔街著名的人物。他到美国后，因为在独立战争中表现非常出色，美国建国后就被总统华盛顿看中，成为华盛顿“智囊团”中的一员。他出版了许多专著，制定了不少法规，为今后的财长作出了优秀的榜样。

新币代替旧币的风波

在建国初期，当时的美国面临着百废待兴的局面，汉密尔顿出于一心快速振兴美国经济，就在当时提出了一项债务偿还计划。但是没有想到的是，他提出的这个看起来几乎完美的计划，却使华尔街遭遇了美国建国后的第一场丑闻。

战后，货币严重贬值，美国经济萧条，汉密尔顿提出了发行新币来代替旧币的计划。就在消息发布之前，华尔街上就出现了一些经纪人，他们从居民手中以低于面值的价格收购旧币，当这一计划被实施后，财政部规定人们可以用旧币的面值兑换新币。但是在此之前一无所知的民众已经把旧币便宜地卖给了那些经纪人，他们因此遭到了巨大损失。人们不禁怀疑是汉密尔顿故意将实施这个计划的消息透露给了华尔街的经纪人，要不这些经纪人怎么会知道政府要做什么呢？虽然群众并没有确切的证据，但是这种怀疑也使汉密尔顿的声誉受到了不小的影响。

但是，汉密尔顿的债务偿还计划还是为美国带来了战后的经济繁荣，这个刚刚建立的国家也因此走上了新的发展轨道。由于美国经济的快速增长，带动了其银行和信贷市场的繁荣，它们也因此而热闹了起来。人们对股票和债券的热情度越来越高，大大推动了纽约的各种金融活动。而这种大环境对从事股票买卖的经纪人来说当然是最好的消息，他们摩拳擦掌，跃跃欲试，觉得在华尔街终于可以大显身手。1784 年，汉密尔顿在纽约成立了首家银行——纽约银行，随着银行的成立，华尔街也变得更加繁荣，纽约也因此渐渐成为美国金融市场的中心。

●汉密尔顿理念被重拾

“华尔街是这样一条街，它的一端是一条河，另一端是一座坟墓。”从这句古老的俗话中，我们可以看到在许多美国人心中，华尔街既是金钱的游戏场所，又是富人们的天堂之所，是一个可以动摇美国甚至整个世界经济的地方。

纽约发布生存警报

经历了300多年的风云变幻，目前华尔街已经成为整个美国金融业的代名词。但是随着道指、标普500指数的一路飙升，美国人开始担心可能哪一天这个全球的“金融之都”就会风光不再。美国人因此采取了一系列的“自救”措施，最新的一项举措就是纽约宣布设立金融监管工作组。该小组的重点就是将保险公司、州立特许银行以及证券经纪公司的州监管合理化，同时可能成为其他各州甚至联邦政府的表率，小组成员有华尔街主要首席执行官、顶级律师、消费团体和4家负责行业监管的州立机构。

其实，美国人的担忧并不是杞人忧天。有关报告表明，纽约虽然还是世界最重要的金融市场，但是其领先地位却是日益下落。2006年的前10个月，在纽约证券交易所首次公开招股集资总额为187亿美元，伦敦交易所为320亿美元，香港交易所达到172亿美元。企业到纽约乃至美国上市场的兴趣正在降低。在金融衍生产品方面，美国除了商品期货、期权方面占据优势之外，在利率、外汇等其他市场已经落后于欧洲竞争对手。另外，在法制环境和监管机制方面，伦敦也比纽约更为先进，伦敦证券市场只有一个监管机构，但美国有超过十个联邦、州政府等监管机构。

据报告分析，纽约金融服务业之所以竞争力下降，是因为美国金融监管法律太过严厉，对于移民的限制导致金融人才流失，繁琐的法律程序和过时的会计制度往往引起没必要的麻烦。为了保证纽约在国际金融市场上的重要地位，报告建议在纽约市建立“国际金融服务区”，可以采用减税或其他优惠政策为纽约吸引更多的外国公司。

纽约如此重视对生存“警报”的发布，同时也说明了世界经济及金融市场格局正在发生着变化，美国当然希望能够挽留“美国世纪”。也有分析人士称，其他国际金融中心认为对此不必过于认真，因为纽约金融市场目前仍处于全面的领先地位。

汉密尔顿与杰斐逊不同的政治理念

在美国的金融发展史中，政府应该在资本市场的发展中起到什么作用呢？历史上有过两个不同的观点，其代表人物分别为汉密尔顿和杰斐逊。而在此之后的200多年的发展过程中，他们两人之间的争斗一直延续了很长时间。

汉密尔顿和杰斐逊同为美国开国元勋，但是政治理念截然不同，汉密尔顿认为政府应该在市场中起到主导作用，他对纽约的资本市场予以鼓励和扶持；而杰斐逊不喜欢投机，他把汉密尔顿所热爱的纽约称为“人类本性堕落的大阴沟”。

在美国资本市场初期，杰斐逊主义者对市场采取的态度是不闻不问，对市场放任自流的理念在资本市场上曾占据了100多年的主导地位。在这一阶段，美国资本市场的发展基本上处于市场缺乏监管，政府无所作为，投机盛行，交易所各自为战的状态之中。1792年，《梧桐树协议》的签订成为华尔街起步的一项重要标志，直至1913年美联储成立，而在如此长的时间里，美国竟然没有一家中央银行。

因此，由于政府角色的缺位，造成美国资本市场出现了无数市场操纵（俗称坐庄）丑闻，从而引发了1907年的金融大恐慌。没有中央银行，美国政府对此束手无策。所幸J. P. 摩根和他的摩根银行站出来充当了中央银行的角色，这才使美国经济得以挽救。而此时，汉密尔顿理念又被重拾。1913 年，联邦储备体系的美国中央银行框架被建立起来。1934 年，美国证券交易委员会（SEC）成立，美国资本市场终于拥有了监管机构。1987 年，美国爆发股市危机，格林斯潘成为美联储主席，从那时一直到现在，格林斯潘的原则就是当市场出现大规模恐慌时提供一定的支持，而其做法就是美联储给银行提供资金，促进和增加市场的流动性。

2. 虚拟经济“泡沫化”之殇

●泡沫化的原因

美国金融危机的爆发不是虚拟经济的过错，而是监管者失职和交易商贪婪共同作用下，虚拟经济与实体经济相脱离的“泡沫化”。

虚拟经济不能脱离实体经济

实体经济与虚拟经济联系比较紧密。在实体经济系统中产生的风险，例如产品的积压、企业破产，都会传递到虚拟经济系统中，导致虚拟经济失稳；虚拟经济中的风险也会对实体经济造成严重影响，例如，股票指数大落、房地产价格猛跌、银行呆账剧增和货币大幅贬值。

“从经济史分析可以看到，虚拟经济是实体经济发展到一定阶段后才逐步产生的，同时它的产生天生就是为了促进实体经济更好地发展。自虚拟经济诞生起，就利用其固有的诸多优良特性为实体经济的快速增长起到了巨大推动作用，从而也造就了虚拟经济自身的大规模扩张。

比如，虚拟经济可以为实体经济动员储蓄，提供融资支持；发展虚拟经济可以转移风险，降低交易成本；可以更好地揭示和传递实体经济的信息，提高实体经济运作效率；通过提高经济运行效率、社会资本配置效率和企业经营效率，促进社会整体的运行效率。

当然，虚拟经济过度膨胀也必然带来一些负面效应。

在全球范围内，虚拟经济过度膨胀则会加强金融市场垄断和金融霸权，导致世界经济乃至世界政治格局处于一种不稳定的状态。以美国为例，美国 GDP 在全球所占的份额不足 25%，但美元却占到全球外汇储备的64%、外贸结算的48%和外汇交易的83%，凭借美元的特殊地位，美国可以通过印刷纸币来偿还国际债务弥补外贸财政赤字，从而将国内危机转嫁给世界，加剧世界范围的市场动荡和两极分化。

但是，不管怎样，从历史发展的角度来看，虚拟经济是在市场经济条件下从实体经济中孕育出来的，实体经济的重要性高于虚拟经济。虚拟经济由实体经济系统产生，又依附于实体经济系统。也就是说，如果忽视这一基本认识，虚拟经济脱离实体经济发展基础而成为“脱缰野马”，最终变成整个社会的“洪水猛兽”，这仅仅是一个时间早晚的问题。

谨防“泡沫化”

由美国次贷危机发展成为全球性金融危机，事实上，就是源于虚拟经济“小资金捅大窟窿”的经济杠杆作用。之所以会酿成日益深化的美国金融危机，正是虚拟经济与实体经济严重背道而驰造成的。在华尔街危机爆发的过程中，次贷危机只是起到了一个导火索的作用，深层次的原因则在于虚拟经济的严重膨胀，使得虚拟经济和实体经济严重失衡，资产价格泡沫化，并导致虚拟经济累积的系统性风险集中爆发。

从1971年布雷顿森林体系瓦解，美元停止与黄金挂钩那一刻起，美国就开始为今天的危机埋下了伏笔。20世纪70年代以前，美元出境主要通过资本项目逆差，美国把美元借给欧洲，然后欧洲用美元购买美国商品，这就意味着对美国以制造业为主的实体经济的需求增加，导致美国实体经济增长；在20世纪70年代以后，美国则是通过经常项目逆差输出美元，购买外国商品，在失去黄金价值支撑的信用美元体系下，意味着对美国实体经济需求减弱和对虚拟经济（包括房地产、股票、债券及其他可以反复炒作的资产）需求增大，最终导致了美国制造业的外移和虚拟经济的过度膨胀。

于是，美国虚拟经济越来越表现出相对独立性，这使其脱离实体经济而快速扩张，泡沫成分逐渐加重，资产价格普遍大幅度偏离或完全脱离由实体经济因素决定的资产价格，导致虚拟经济泡沫化，如美元危机、美国股市和房市资产价格泡沫破灭，以及众多美国金融机构信用危机导致的破产、购并甚至国有化。

据相关统计数据显示，2007年，美国GDP总量为13.84万亿美元，而截至2007年12月2日的数据显示，美国股市总市值约为17.8万亿美元。另外，2007年美国金融机构杠杆负债比例则达到了GDP的130%以上，华尔街金融服务业全年利润占全美公司利润的40%。

因此，要想解决美国的华尔街危机，必须调整虚拟经济和实体经济两者发展失衡的机制，重建实体经济，否则美国金融危机就会反复发作。造成美国金融危机的原因有多个方面，如经济结构问题、监管不力等，但最重要的因素还是金融深化不当引发的虚拟经济泡沫化。

3. 为救市保尔森向女议长下跪

●“飓风汉克”保尔森：一切都是为救市

2008 年 9 月 7 日，美国财政部长保尔森宣布，美国财政部将向“两房”注资最高达 2000 亿美元，这是美国历史上最大的一次救市行动。由此，果断敢为、雷厉风行的保尔森，在“飓风汉克”的基础上，又多了个“金融界的首席自行车修理工”的称号。自从美国次贷危机以来，美国财长保尔森可谓不遗余力地为挽救美国经济竭尽全力、尽心尽力。雷曼兄弟公司倒闭后，使得保尔森东奔西走、四处游说，力求国会尽快通过 7000 亿美元的金融救援计划。然而，由于国会一些议员、纳税人以及经济学家的反对，使得这一被普遍看好的救援计划拖延达 9 天，一直不能获得国会批准。眼睁睁地看着美国一批批的金融老店纷纷倒闭，保尔森比谁都心急如焚，为了救市他不顾个人颜面，在国会上当众向强硬派众议院女议长佩洛西下跪，请求国会尽快通过。

危急关头，保尔森果断出手

由于受到美国房地产市场泡沫破裂的冲击，房利美和房地美这两房目前陷入了全面危机，2007 年，它们的损失超过了 140 亿美元。2008 年 9 月 7 日，美国政府开始接管这两所机构，保尔森认为，“两房”遇到的问题使美国金融市场面临系统性的风险，保护市场和纳税人的

“最佳手段”就是由政府接管，但是作为交换，美国政府将会获得“两房”近80%的股权。

2008年9月8日，股神沃伦·巴菲特在接受采访时表示，非常赞同保尔森的举措。也有人就不这么认为，就比如把宝押在抵押贷款支持证券“两房”债券的“债券大王”比尔·格罗斯，因为保尔森的这一举措，导致他旗下的一些基金获得了有史以来相对于基准指数的最大单日涨幅。对于保尔森的积极表态，很多人对于接管计划充满了质疑。首先，政府接管“两房”，意味着普通股投资者所持股票极可能沦为废纸，机构投资者也难以幸免。如果“两房”赚钱，证券持有人是首先的受益者，其次就是美国政府和原有的优先股和普通股。但是，如果结果截然相反，那么，首先承担损失就会变成是普通股和优先股，其后承担损失的就是政府优先股和债券。就在保尔森宣布政府接管“两房”的消息后，标准普尔评级公司把“两房”的优先股降级为“垃圾股”，其中，在公开市场交易的普通股跌幅接近60%。由此看来，如果美国的楼市的颓废局势在这次举措中得不到很好的调整，那么纳税人将是这一举措的潜在“受害者”。

保尔森的这一举措到底有没有用，在美国也是众说纷纭的。事实上，美国经济和全球经济都正在面临着巨大的困境，美国经济就像是一辆待修的自行车，接管“两房”是美国政府为堵住世界金融体系“内胎漏气”的一种补救措施。很多人都为保尔森的这一措施捏着一把汗，因为在美国的经济漏洞下，谁也不敢肯定这个地方修好后，别的地方会不会漏气。如果真的是这样的话，难道说保尔森要一直做一个“自行车修理工“吗?

但是有一点，我们不得不承认，如果不是保尔森的果断出手，也许美国的房价触底乃至是经济复苏都将变的遥遥无期。

保尔森给佩洛西下跪的真正原因

虽说保尔森为了拯救美国作出了很多努力，才使得美国出台了一系列挽救金融市场、振兴美国经济的政策。但是随着雷曼兄弟公司和一些金融老店的纷纷倒闭，使得保尔森不得不向国会求救，但是国会对保尔森提出的7000亿美金的救助方案并不热心，一拖就是9天，无奈之下，保尔森在国会上屈膝向女议员佩洛西下跪。有人说保尔森之所以下跪是为了救助计划能够通过，但是到底是不是这样呢？如果说，保尔森不是为了救助计划而跪，那到底是为什么而跪呢？

这次金融危机的到来非常突然，美国根本没有考虑的时间，保尔森要在信息不完全的情况下迅速作出决定。因为距离选举总统的时间就剩下几周，所以说信息的交流是一个很大的挑战。距离选举的日子是一个危险时期，如果说保尔森一旦去找国会，就需要得到相应的权力。如果说体系崩溃了，付出最大代价的将是美国人。所以在那种信息冻结的情况下，保尔森去找国会就必须让他们相信自己，国会说把一些权力赋予给保尔森，但是他们并没看到美国的现状。就是在那样紧张的时期，保尔森想到了救助计划，他明白如果得不到那7000亿美金的救助金，他们将会处于一种无保护的状态。保尔森和麦凯恩为这个计划交谈过很多次，麦凯恩最终没有把这个问题政治化，他很支持保尔森的想法。在一次内阁会议上，民主党把奥巴马留在了罗斯福室，保尔森担心奥巴马会说一些煽动性的语言，就突然出现在了罗斯福室，为了缓解紧张的气氛，他跪了下来，为的就是不让佩洛西销毁救助协议。

就这样，为了尽快让7000亿美元的救市计划顺利通过，保尔森戏剧化地单膝跪在了众议院的女议员面前。保尔森这一跪不但给自身加上了神秘的色彩，也让美国公民了解到，对于当时处于风暴正中心的华尔街来说，非常需要保尔森提出的这一救助计划。

4. 政府在经济中扮演的角色

●政府和经济之间的关系

2008 年的金融风暴，横扫了纽约著名的华尔街，除了冰雪覆盖的南极洲，恐慌从北美传递到欧洲、亚洲、南美、澳洲、非洲，危机导致了全球金融市场资产减值超过 10 万亿美元，并迫使各国政府都采取史无前例的宽松货币措施来干预经济。

政府在经济中扮演的角色再次让所有人陷入了沉思，究竟政府和经济是一种什么关系？历来政府对经济的态度就总是让我们摸不着头脑，也引来一阵阵思考，究竟是政府完全干预市场的计划经济，还是积极不干预政策，还是完全放开的自由市场，也许只有经历了市场的考验才是最终的赢家。

救市的真相

无论采取怎样的手段，在最后的时刻，华盛顿没有听任华尔街的金融衍生品市场的倒塌，有人说是因为在白宫有众多的高盛的老员工力挽狂澜，其实不然，几个小卒怎能左右国家经济政策呢。事实上是因为一旦导致美国金融系统崩溃，美元将会失去世界货币的霸权地位，这是华盛顿和华尔街绝对不可能接受的结果。所以，无论是谁站在美国的国家利益上，救市都是必然的。股神巴菲特就在2008年9月25日趁低位购入最大的投资银行高盛50亿美元的优先股，因为他坚信美国政府必定会出手援助。所以，面对当时大部分民众反对救市和一百多位经济学家联名致信国会反对救援计划，布什总统还是发表了演讲劝说救市。如果说不通过这个计划，美国经济将严重衰退，普通民众生活水平会降低，所以该计划必须获得通过。经过修改，在次日下午再次提交众议院，面对即将陷入崩溃的金融系统，众议院只有通过该计划。奥巴马一直把金融危机归结为华尔街人的贪婪与冒险，但是问题的本质在于，人本来就是贪婪的、冒险的，一直都是这样，那这种指控有什么意义？就算指控的有意义，那么面对如此严重的经济危机，关于过度投机、过分贪婪、过于冒险的指责天天都有，但你是否见过任何一人为此被判刑？实际上，金融衍生品的泛滥正是美国华盛顿政府的默许结果，因为证券和金融衍生品假定的都是房屋价格不断上涨，并且各类资源的价格不断上涨，然后是金融产品价格飞速的上涨。因为美联储提高了利率，美国房屋就不涨了，资源价格也不涨了，证券价格下跌，所以才有金融危机。

面对金融危机，以华盛顿政府对保险业巨头AIG（美国国际集团）的救助来看，从2008年9月18日到2009年3月2日，对AIG达到总额1800亿美元的救助。把作为世界储备货币的美元如此当做儿戏实在令人惊叹。作为保险机构，它很“负责任”地把其中大部分转手送给华尔街的其他金融机构（仅高盛一家，就得到了850亿美元），保证了华尔街金融系统的正常运转。但让人想不到的是，还有一小部分，AIG不是归还给了政府，而是作为高层管理人员的奖金给发放了下去。奥巴马也觉得AIG确实不对，在一次演讲中对公众说：“我向你们保证，没有人比我对AIG更失望！”然而口头上的失望归失望，华盛顿终归还是没有收回对AIG的援助。其实像高盛、美国国际、美国银行、摩根大通、花旗等所谓的美国金融界的佼佼者，都是依赖于政府的资助才渡过最冷的寒冬，所以他们对财政部和美联储言听计从，所以就不难理解民众要求 AIG 高管归还高额奖金时，政府一声令下立即得到实现。政府的语言得到了实现，超宽松的全球货币政策重新归来，大宗商品、资源以及股市大幅度上涨，曾经受到政府资助的金融机构都复苏过来，房地产价格开始上涨，似乎也越来越好。其实，一场更大的危机即将到来。不从根本上解决美元的内部问题，以转嫁方式解决问题终究还会暴露出更大的问题，就怕到时候已病入膏肓，根本无药可救……

建立更完善的经济体系

华盛顿与华尔街的关系其实就是一种尴尬的存在。面对金融危机，华盛顿想力挽狂澜，想救华尔街，然而华尔街似乎不太领情，他知道政府一定会救援，所以高盛会有恃无恐地用国家紧急注入的资金也就是纳税人的钱来发自己高管的工资，真是拿捏华盛顿拿捏得准，华盛顿方面也无可奈何，并且也没有撤出资金。面对华尔街，华盛顿方面真是又爱又恨。

众多的华盛顿高官都来自高盛的确是一个不争的事实，这也只是一方面，几个人是无法改变政府意向的，关键是所占的立场，代表的阶级不同，当时，组建政府就是为国家服务的，经济也是立国之本。所以有关政府对华尔街的制裁也只一场双簧游戏，表演的人不亦乐乎，看的人津津有味，甚至还悲痛欲绝。而华盛顿的官方总要作出个样子给民众看一看，给全世界看看似乎自己跟华尔街不是一伙的。

究竟什么样的经济体制才是最好的？各界、各阶层的人众说纷纭，经济上的不少人都认为市场经济其实就应该是一个自动机制，市场经济应该是自由的，根本不需要政府的介入。只能说这样的认为只是片面的，经济上人们自然不希望由政府来干预自己的经济行为，这其中的缘由自然不必多说，谁希望天天有人约束着自己。实际上来说，构成市场因素中的一个方面就是政府。市场经济就是人们汇聚然后进行经济交易活动的经济现象，它体现的是经济的市场和发展。但是在实际上，经济又是独立于政府之外的，如果过分地用政府来主导市场的话，市场就会变得死气沉沉，没有生机，什么都在政府手中。总之经济包含于政府又独立于政府，政府救市是必然，但如何改进自己的金融体系，防患于未然，建立更完善的经济体制，似乎才是政府救市的根本所在。

5. 美国政府与华尔街的利益博弈

●美国政府与华尔街进入暗战期

美国总统奥巴马签署金融监管改革法案，被看作是美国金融史上自“大萧条”以来最严厉的金融改革法案。由此，华尔街正式掀开新的金融时代序幕——新的机构即将成立，新的经营手段也开始陆续出炉，华尔街与美国政府的对峙局面很可能转入暗战期。但在美国经济需要稳固复苏的情况下，不变的依然是华尔街和美国政府斗而不破的默契关系。

美国政府与华尔街暗中较劲

美国政府与华尔街之间的利益斗争并没有因为金融新法案的正式生效而终止，两者在对法规执行尺度下暗中较劲。

奥巴马总统在签署金融监管改革法案时，邀请了许多大型金融机构的高层到场来见证这一伟大的历史时刻，如花旗、美国银行、巴克莱与摩根士丹利等。却惟独没有邀请摩根大通和高盛的高管。华尔街人士认为，政府这一举动目的就是对这两大金融巨擘在立法过程中处处与政府作对进行的“惩罚”。美国政府、摩根大通与高盛都拒绝对此作出任何评论，但华尔街人士私下对奥巴马这一做法深感忧虑。有华尔街资深人士称，美国政府明显只愿意见“听话”的银行，那就是奥巴马政府乐于与华尔街对立。

另外，当前消费者金融保护机构备受关注，这一新机构正面临的是谁将掌门这一大问题。第一任负责人将会影响该机构的发展方向。每年该机构都有权动用预算达5亿美元左右，但并不需要得到国会的批准。长年致力于提倡保护金融消费者、杜绝掠夺性放贷的哈佛大学法学教授沃伦的呼声最高。同样，成立这样一个机构的想法也正是沃伦提出来的。美国总工会正式发表声明称支持她出任局长。但相关银行业的重要参议员却反对让沃伦担任该职，他们声称她是一位维权人士，可能会实施一些不利的措施如对信贷的发放、特别是对低收入人群发放信贷的政策。另有分析人士提出，虽然如今签署了新法案，但华尔街并不是没有机会。因为已确定的法案仍留有一些未决的变数，2000多页的法律条文尚且需要细化为可能高达数万条的具体规则，因此在未来的时间内，华尔街和美国政府的博弈还将持续下去。

业内相关人士预计，针对银行、信用评级机构、对冲基金以及总额450万亿美元的衍生品市场的最新监管规定将需几年时间才能完全得以实施。新法案实施的强硬程度由这些细则的规定决定。华尔街也会继续利用今后的时间开展游说活动。此外，法案中所用词汇本身也留有很大的旋转余地。据相关文章透露，法案中“或可”（may）一词就出现了将近1500次，这似乎暗示了当局获授权的程度的大小。例如，由财政部、美联储和其他监管机构组成的新系统风险委员会“或可”就风险资本、杠杆和集中限制提出严格的新规定，该委员会“或可”以监管银行的方式监管非银行金融机构，该委员会如判定会危害美国金融体系“或可”解散企业、禁止金融产品和制止合并。据有关的消息称美国政府在细化规则的过程中作出让步的可能性很小，他们甚至可能会开展新一轮约束华尔街的活动。

据《华尔街日报》此前的一项调查显示，在被问及该项法案的效果时，58%的经济学家认为，此项金融改革只是轻微地减少了风险，仅有6%的人认为它会产生重大影响。

斗争下的默契，维护各自的利益

金融监管强弱的变化其实就是在监管者与被监管者两者的利益博弈中不断交替的过程，自金融危机爆发后，金融监管的改革和强化也必然会受到被监管者的质疑和挑战，并将是一个不断“讨价还价”的过程。从维护美国经济金融竞争力的角度来分析，华尔街与美国政府在根本上又是利益共同体，因此，“斗而不破”符合各自双方的利益。奥巴马曾作出对华尔街进行安抚的工作，称政府推动的金融监管改革“不是零和游戏，并非就是华尔街受损、大众受益”，这体现了美国政府与华尔街既存在斗争和博弈，也存在妥协。

从具体政策上来讲，尽管华尔街对美国政府的金融救援限制太过苛刻产生过抱怨，一些巨头更是因此懊悔连连，并加紧还账避免政府继续指手画脚。但是，假如政府真的任由华尔街自生自灭，那么华尔街大佬肯定会慌神，华尔街股市也肯定要崩盘。对政府来说，华尔街属于“大得不能倒”，奥巴马一再强调，美国银行业一直在美国经济中扮演着“关键性的角色”。奥巴马需要美国银行业加快信贷发放，当然是在健康放贷的前提下，在当前经济尚存不确定性的阶段协助美国经济走向稳健发展。

有关专家认为，对于此次法案引发的所谓“华尔街的失意和华盛顿的胜利”，外界也不必过于上纲上线，因为两方不会有根本的利益冲突，而更多的是左手和右手的关系。有利益冲突肯定是在所难免的，但从根源上讲仍是一家。从人事上来说，政府的很多政策决策者是华尔街领军企业高盛的第一把手，如前财长亨利·保尔森，本身就是华尔街的高管；而政府官员的归宿，很多也在待遇丰厚的华尔街，如前财长罗伯特·鲁宾曾担任花旗集团董事长。

另外，从新法案严厉性不足中也可以窥见政府与华尔街在某种程度上的“默契”关系。《金融时报》质疑道：为何所谓的“定制”衍生品可以不受交易所管束？这岂不是留下了一个大的漏洞？为何法案不限制银行的规模，进而杜绝“大到不能倒”的现象？为何不全面恢复把商业银行业务与投资银行业务分开的《格拉斯—斯蒂格尔法案》？

美国华德国际有限公司董事长阿伦·瓦尔代兹说过，让华尔街投资者长舒一口气的是，新法案并没有像他们设想得最坏结果那样完全禁止银行进行衍生品交易，而是允许银行保留利率掉期、外汇掉期以及金银掉期等业务。这部分业务占到商业银行各类衍生品交易总量的九成以上，而且即便是那一小部分被要求剥离到附属公司的风险更大的业务，大银行依然可以从中得利。

CHAPTER 9

第九章 超越历史的回顾和展望

历史虽已过去，但是历史却又在不断地重演。历史如果可以完整地记载下来，这将是人类最好的危机导师，因为历史在其特定的时期就好像一棵茂盛的大树，虽“风华已过”，却可为柴，为后人点亮火焰，指引明路，照亮未来。华尔街是一片最难窥视其细节的森林……它的历史无疑是世上最宝贵的财富，财富人人可以有，却不是人人都会用。我们应当从“血淋淋”的历史中看到些什么，拿来些什么，去为以后的发展“铺路”。

1. 华尔街的辉煌历史

●深入人心的辉煌历史

华尔街是国家金融的神经中枢，也是纽约人心中的精神支柱，是美国的象征。提到金融与股票，人们第一时间就会想到华尔街，正是因为华尔街在人们心中有这样的影响力，才能长久地屹立于人们心中，屹立于世界人民心中。

华尔街在纽约人心中的影响力

在美国纽约市曼哈顿区南部，蜿蜒着一条街道，从百老汇路延伸到东河，是英文“墙街”的音译。这条狭窄的街道很短，全长不过1/3英里，宽仅有11米，从百老汇到东河仅有7个街段。1792年，荷兰的殖民者为抵御英军侵犯而建筑一堵土墙，从东河一直筑到哈德逊河，之后，英国人将荷兰殖民者赶走，拆了这道墙变形成了一条街，因而得名华尔街（Wall Street）。后来，人们将围墙拆除了，但“华尔街”的名字却永久地保留了下来。

曼哈顿岛被誉为纽约的精华、美国的象征，而华尔街就位于曼哈顿岛的最南端，与纽约世界艺术表演中心“百老汇”相邻，著名的纽约唐人街也仅一步之遥。坐落在这条街上的联邦厅曾经是美国第一届国会的所在地，首任总统华盛顿就在这片热土上宣誓就职，然而华尔街作为世界的金融中心一直享誉全球，而作为美国的政治中心却只是短暂的一瞬间。

提起华尔街，它在国际金融业无人不知、无人不晓。华尔街似乎蕴藏着无穷的魔力，对金融机构产生着巨大影响。华尔街成就了无数的商业巨子，他们一夜之间从贫穷到富有，但也有不少知名企业家一夜之间沦落为阶下囚。

在人们眼中，华尔街是天堂与地域的交汇处，这里有天使亦有魔鬼，华尔街是梦想的天堂。巨大的诱惑和巨大的实力使它无愧于国际金融业神经中枢的地位。

华尔街蜿蜒穿梭于繁华的城市之间，它像一架永久转动的机器，不分昼夜、时刻转动着，转动着纽约人的经济，它没有浪漫的情怀，也没有诗情画意，在金融高手手中翻滚着，带着梦想在这里驰骋纵横。

华尔街金融领域的神话

1933 年以前，美国在投资银行和商业银行的划分上还没有明显的界限。普通银行不但可以进行存贷款业务，还可以对外销售股票和债券。因此，美国很多银行都拿着客户存入的钱在股市上大展拳脚，进行投机行为。1929 年美国股市发生大跌危机后，便开始吸取教训，总结经验。1933 年，美国颁布了“1933 年银行法”，即“格拉斯—斯蒂格尔法案”。法案对投资银行和商业银行的具体业务进行了严格的划分，从而规避了商业银行在证券业的风险。至此，美国金融业中银行、证券分开经营的模式形成。

现在的摩根士丹利就是在当年法案实施后，从摩根大通公司划分出来，专门从事证券业的投资公司，而摩根大通公司继续从事之前的银行业务。

几十年来，由于商业银行的业务受到法案的限制，因而使美国金融投资领域的“大蛋糕”被投资银行独享。因此，被称为“华尔街五巨人”的美国五大投行如鱼得水，纷纷凭借自己超凡的实力而迅速崛起。

1998 年，在商业银行的极力游说、强烈抗议下，美国国会废止了“格拉斯—斯蒂格尔法案”，商业银行重新开始从事投资业务。然而五大投行在前期发展中已经稳定了基础，并积累了长足发展的实力，因此在金融投资领域，花旗银行、摩根大通等后来者也只能望其项背。

华尔街投行在金融领域首先向股东大肆举借现金，然后将这些现金投入到一些规模较大的有价证券投资组合中。同时，他们雇佣了一批优秀的数学家和物理学家，要求他们依据现代金融理论体系，设计了大量形态各异的产品模型，然后对原本根本无法科学定价的风险进行定价。之后，投行向这些产品投入资金，这些产品就是金融市场的衍生品。因为往往是投行对金融市场实施杠杆操作。因此，它们只需要极少一部分保证金，就可以买到大量的产品。只要市场的发展趋势能够顺应该产品的走向，那么投行就可以用极其低的成本获得超高的利润。五大投行正是凭借这样的投资模式，从而成为华尔街同行中的领军人物。

华尔街在五大投行的引领下，创造了 75 年造富的金融神话，创造了丰厚的利润。五大投行也屡次成为各大媒体的头版新闻，它们对世界经济、国家经济、公司经营的评论在全球经济领域都有着举足轻重的作用，因此成为世界金融界耀眼的明星。

2. 投行衰落，华尔街繁华已尽

●华尔街：投行时代走向衰落

华尔街是美国金融服务业的发源地。这里聚集着美国摩根、洛克菲勒石油大王、杜邦财团、纽交所等投行、证券交易所和商业银行等许多金融机构。它不仅代表了美国金融市场，更是全世界金融中心的代名词，因为它创造了美国金融帝国的神话。

如今，这个神话破灭了。美林、雷曼兄弟和贝尔斯登三大投行倒下后，仅存的两大投行———高盛和摩根士丹利 2008 年 9 月 21 日宣布将转型为商业银行。这意味着华尔街投行时代已经走向衰落。

两大投行缘何迅速“变身”

高盛和摩根士丹利变身速度之快，是人们无法预料的。2008 年 9 月初摩根士丹利 CEO 麦晋桁还曾经在一份员工备忘录中写道：“摩根士丹利一定能够挺过这次难关。雷曼兄弟的糟糕境遇不会给我们的业绩带来实质性的影响。”当时，市场上还有传言说，摩根士丹利正在与北卡罗来纳州的大型银行瓦乔维亚银行进行并购谈判，同时他还一直与中国投资有限责任公司就数十亿美元的筹资事宜进行谈判。高盛 CEO 也曾表态说，高盛当时的经营状况良好，依然能够满足顾客的需要，并能在合适的市场机会出现时，鉴别并抓住机会。

2008 年 9 月 15 日，美林（Merrill Lynch）和雷曼兄弟（Lehman Brothers）的终结，无疑已表明：现代华尔街已经灭亡。然而仅仅一周的时间，华尔街最后的两大投行也急切地宣布“投降”。高盛和摩根士丹利都将撤销投资银行业务，恢复主营传统的商业银行业务。因为在美林、雷曼兄弟和贝尔斯登三大投行倒闭后，高盛和摩根士丹利意识到了危机的严重性，如果再不转变，下一个倒闭的可能就是它们。

转变身份后的高盛和摩根士丹利，以后将混业经营，不仅能够设立商业银行分支机构吸收存款，拓宽融资渠道；还可以与其他商业银行一样享受同等的待遇，获得申请美联储紧急贷款的永久权利。面对危机，美国财政部提交国会一个包括对美国金融机构提供 7000 亿美元的援助计划，因此有关专家认为，高盛和摩根士丹利的转型如此之迅速，主要是冲着这个援助计划而来，转型后它们可以获得美联储的紧急贷款。

投行为何会率先倒下

面对次贷危机，受到冲击的商业银行并没有先倒下，投资银行却率先纷纷倒下。这一现象令人深思。但如果深入分析了华尔街投行的经营模式后，就不难得到答案。

美国商业银行在深谙次贷质量之差，急于出手的情况下，让很多没有稳定收入而且信用记录交叉的贷款人以次级贷的方式当上股东，而商业银行追求的则是“握银在手”。

同时，一些证券机构、信托机构、抵押贷款机构也为之提供了便利，商业银行便将次贷资产中的贷款转售给他们，也就将风险推给了他们。这些人则将次贷进行证券化打包，将可能没人敢买的东西，做成了一个个光鲜艳丽的金融衍生证券。

次贷问题暴露出来以后，各级金融机构纷纷抛售次级债，断臂求生，却无人敢接盘，而美国所有投行都是靠借钱来维持日常运营。市场上流动性不足的局面，让依靠举债过日子的投行无法从短期货币市场借到资金。而投行本身又没有存款业务，资金链一旦断裂，倒闭就在所难免。

华尔街的投行模式造就了它的金融神话，但同时也是它走向衰落的推手。

3. 谁葬送了华尔街

●贪婪葬送了华尔街

华尔街贪婪的欲望导致的道德滑坡、过度地滥用金融衍生产品以及金融监管机构管理的缺失，是这次美国金融危机的直接原因，总之，贪婪让华尔街和美国社会付出了惨重的代价。

放纵下悄然酝酿的危机

摩根大通的首席经济学家格拉斯曼曾经说过：“华尔街其实就像以前蛮荒的西部。也就是说几个牛仔聚在一起发明一种工具，经过市场验证能够赚钱，就能够大行其道。”

美国为了刺激房地产市场，采取降低次贷的申请标准，简化申请程序。因此，许多无法获得普通贷款的低收入群体大量通过次贷购房，进而造成房地产市场的虚假繁荣。但问题不止于此，因为次贷发放机构往往无法通过吸收存款获得资金，为了获得流动性，它们便将具有特定期限、利率等特征的次贷汇集成一个贷款池，以此作为现金流支持，发行住宅按揭贷款支持证券（MBS）。这种证券被划分为不同等级重新打包，然后发行成为资产支持型按揭债务权益的按揭品。这种分割后再分割的“金融创新”可能不止一次，实际是多次分割成多层衍生产品。同时，为了预防违约的发生，华尔街创造了信用违约掉期这一转嫁风险的手段，将风险转嫁给保险公司。

2005年后，美元利率持续走高，导致美国经济迅速下滑，房价在2006年中期见顶后大幅回落，次贷的违约率也开始上升，以次贷资产为基础、资产的支持证券以及多层的衍生品和CDS估值体系迅速崩溃而且无法出售出去，金融机构资产迅速减值，流动性不足甚至资不抵债。

假如金融衍生品没有接二连三地出现，房价涨落只会影响房地美、房利美两家次贷机构，由于华尔街的贪婪，结果从次贷开始，形成了一连串的金融衍生品，一环套一环，源头垮掉，整个链条全部断裂。在房价上涨期间，信贷金融衍生品呈现出高收益、低风险的特性，次贷发行商和承销商发行、承销更多次贷和债券产品，目的就是从中获取服务费；对冲基金运用数十倍的融资杠杆来投资这些高收益的产品，进行套利交易，直到市场无法持续时，才大规模从这个领域撤离；华尔街的投资银行使用近30倍的资本杠杆寻求最大化的股权收益比，从而每年给投行的高管高达数千万甚至上亿美元的薪水，金融危机爆发后，这些高管可以潇洒离去，让纳税者为美国政府的上万亿美元的救市计划埋单。

纳斯达克股票市场公司前董事会主席伯纳德·麦道夫案件，就是华尔街贪婪的一个例证。

2000~2006年，美国房地产价格上涨了80%。金融机构承诺想买房子的人，不管你的收入如何，都可以买房子。因为房价会一直不断地上升，那么你就可以用升高的价格来借款从而归还房贷。

在发放房贷时，金融机构完全不担心风险，因为假如借款者付不起月供，由于房屋价格上升使得担保的价值也会上升。华尔街就将这些贷款进行收拢，运用极其复杂的金融工具将这些证券分割，然后向全球投资者发售，这逐渐成为华尔街获取巨额利润的引擎。

●资本主义的劣根

金融危机的爆发就像海啸似的扑面而来，席卷着地球的每一个角落，仿佛是一只巨大的怪兽一步步地吞噬、撕裂着西方资本主义的经济实体。每几十年反复一次的停滞、萧条、危机又无法逃避地降临了。华尔街金融危机的爆发与恶化，进一步印证了资本主义的贪欲是永无止境的。

疯狂地追逐利益是资本家的本性

俗话说“因果报应，有因必有果，”几十年爆发一次的经济危机是由资本主义自身属性所决定的，资本主义的基本属性就是追求利润最大化，为追求利润而不择手段。资本主义把人类贪婪的劣根性无限地放大。

掀开资本主义的发展史，其实呈现的就是一部赤裸裸的掠夺、剥削、杀戮史。自欧洲工业时代的兴起到资本主义萌芽阶段，市场只要达到饱和，利润呈现下降趋势，就要进行新一轮的掠夺与剥削。资本家为了获取更廉洁的劳动力，开始疯狂地捕捉黑人，把他们像商品般地自由买卖。资本主极端的虚伪和野蛮本性赤裸裸地呈现出来。广漠的非洲大陆几百年来被杀戮，换来了资本主义无尽的财富。

美国作为资本主义最大的经济实体，也是这次金融海啸的始作俑者，其经济增长或者衰退，直接影响到世界经济的增长或者衰退。

资本追求利润的最大化同样影响着美国的政治制度，华尔街的大亨们想尽办法积极参与美国政治，在一定程度上制约着政府、国会和司法系统。在金融运作方面，华尔街的大亨们只遵循自己的游戏规则，无视道德，他们认为只是一种操作，金融市场是不属于道德范畴的。美国政府倾向保护华尔街的利益，使得华尔街金融市场变成了一个不讲规则、疯狂逐利的赌场。这也是导致金融危机爆发的重要原因。

摩根大通收购贝尔斯登，正式宣布了金融危机的到来。华尔街经历了前所未有的金融风暴，与此同时，世界各国纷纷推出了自己的救市计划，一时间世界各国的精英无不谈金融危机而色变，过度的贪欲终于受到了应有的惩罚。然而，各国的救市并没有让金融危机的发展得到改观，股市依旧呈现下行的趋势，发达国家的借贷消费机制也发生了巨大变化，人们的心理承受能力受到了极大的挑战。从目前的发展形势来看，这场金融危机，将一步步深化并转化为经济危机，然而这场危机又到底是怎么形成的呢？

在金融市场上，资本主义阵营凭借掌握雄厚资本、高科技和虚拟经济，对世界各国的金融体系一次次地进行阻击，发展中国家几十年的经济成果，瞬间就窃为己有，敛财手段已达到炉火纯青的程度。

4. 华尔街金融危机的启示

●危机背后的反思

20 世纪 20 年代末，由于经济出现大萧条，美国通过立法加快了金融业从混业向分业经营的转变。而如今看来，在金融危机的影响下，必须重新回归混业经营，金融分业经营只会因为金融危机的再次爆发而重新出现。另外，无论是分业，还是混业，想在金融危机来临之前逃脱，是不可能的事情，除非资本主义的本质发生了改变。

美国经济特点分析

当华尔街金融危机再次出现时，更多是引起了国人的一些反应，但对于业内人士来说，这样的局面，如果回到 1929 年美国大萧条时期的历史，就会发现目前的历史与以前有着太多的相似点，不得不让后人为之惊讶。

首先，以表面为出发点，金融危机的诞生与市场参与者的贪心有着密不可分的关系。金融衍生品及资产证券化潮流的兴起，其中一些是出于证券发行人对风险控制的需求，而更多的是由于证券发行人和投资银行家为了夺得更多的利益而编造出的“魔鬼”——金融衍生品。也就是利用资产证券化，将贷款、应收账款、房地产等在流动上相对较差的资产以不同的形式包装来吸引投资者参与，而这种情况也正好应合了银行、企业及房地产商等各类发行人的需要，使他们满足。最后，通过对各种各样的资产重复和多次证券化，使风险不断地被扩大。

所以，对于破灭这种泡沫化的资产证券是在情理之中的。而这种形式在本质上与股票发行与承销的手段是没有区别的。投资银行家通过包装企业资产、制造各种吸引市场眼球的概念并以企业最低的财务成本来获得最大的融资额度。而这对普通投资的人来说，正是受到赚钱效应带来的羊群心理的影响，才使得他们也试图想通过博弈的方式来从中获取短期暴利，而当中也有不少人在最后都受到了市场的教育。虽说他们的行为有些过头，但还是值得人们去同情，偶尔同情也只是一种同情，对于他们身上所犯下的错是没有人可以替之说情的，如果要怪也只能怪自己当时为什么那么看重金钱。

其次，从更深一个层次的角度上看，资本主义的本质可以说是金融危机爆发的主要根源。当大摩和高盛变由商业银行控股，使得历史又一次表明金融混业时代将要来临。

金融监管的博弈

面对危机带来的重创，美国金融业首要面临的问题就是如何平衡监管与创新的关系。华尔街金融危机使美国政府在金融监管系统上的漏洞暴露出来，然而更加让投资者失望的是“旁氏”骗局麦道夫案件，成为世界金融史上最让人们缺乏信任的金融事件，人们对华尔街和监管部门的期望和信赖大打折扣。

要想防止金融危机再次上演，美国政府必须强化监管机制和信息披露，扩大美联储的权力，以保护投资者的利益。随着金融市场不断缓解，金融业以及政府内部的反对声不断增加。在政府与金融企业的博弈中，平衡监管与创新，维护美国在全球金融业的领先地位将会是一个漫长的过程。

事实上，政府对整个金融市场的监管速度往往跟不上市场创新的速度。因此，监管机构需要大量在监管方面拥有独特方法的人才。在美国的华尔街，虽然每年都会用高薪水来吸引优秀人才，但是政府监管部门不可能向自己的员工支付与华尔街同样的薪水，这就导致了政府在人才使用方面的缺乏。

随着金融机构在危机后的缓慢恢复，政府与金融业监管之间的博弈也刚刚开始。尽管金融企业知道政府的监管势在必行，但是他们会利用自己的影响力，将政府的监管控制到最小。

在经过了一场"金融海啸"之后，华尔街正处于恢复调整的过程中，这个过程只能由金融企业自身依靠实体经济复苏的支持来不断地改善和完善。在美联储定量宽松货币政策的背景下，美国金融业如何解决流动性过剩和通货膨胀的威胁，将会成为全球经济领域的下一个新的看点。

5. 金融危机给中国带来的历史性机遇

●金融危机是裨益中国强盛的另类机会

华尔街金融危机的爆发，使全球金融与商品期货市场的动荡持续不断。而对于这场危机爆发也是经济发展的必然结果。但对于中国来说，这次金融危机爆发却给它带来了一次历史性机遇，也是改变命运的一次机遇，将为中国的历史再添一次辉煌。

危机带来的影响和机会

华尔街金融危机的爆发，无论站在什么样的角度，都使得全球金融与商品期货市场动荡还在持续不断。而这与 13 年前发生在亚洲的边缘性金融危机存在着很大区别。

在全球金融中心，在华尔街，或者在最发达的资本市场国家，都先后发生了百年不遇的罕见危机。对于这次危机的发生，世界在告诉人类什么？又意味着什么呢？未来的结果又将是怎样的呢？对于这些问题，是投资界要认真思考、想办法的时候，但却逼着人们开始关注这些问题的严重性。

面对这场危机的爆发，还是因为全球经济、金融格局长期失衡导致的必然结果，也是实体经济与虚拟经济关系的一个重要的调整；它包括资本、科技、人力、重要生产资料等在内的不同的生产要素的重新洗牌，特别是对资源配置和资源价格格局的一次硬性需求。

但这对中国来说，它带来的可是 3 个方面的影响，即金融服务资源、人力资源、重要生产资料资源的特殊机会，也是裨益中国强盛的不寻常机会。而对于这样的见解却存在有一定的根源。

这是耐人寻味的三则消息：一是美国准备再用 7000 亿美元救市并追寻西方伙伴的支持，但七国集团其他成员对此表面是欢迎，背后并没有参与到美国的救市计划中；二是投资人巴菲特以 47 亿美元现金购买美国“星牌”能源集团。该公司股价却在几天的时间内跌去近 60%；三是国际投机资本又一次冲击期货市场，使得国际油价又现新高并突飞猛进，创出新的吉尼斯记录，原因在于它存在的几个因素。

第一，对于华尔街这场危机在很大程度上已使美国很难招架得了，但在西方，其他国家也都先后表明了态度，麻烦也是频频出现，需要对策才能解决。所以，无论从哪个方向来看，要平息这场危机，需要更大的国际合作。但即便政府间的合作能够顺利展开，那华尔街这些巨大的金融服务机构以及金融从业人员又将做何选择也是一个问题。换句话说，如何充分地利用、消化华尔街过剩的金融服务将是一个很大的问题。

第二，面对危机的市场，是最恐慌、最腥风血雨的时候，任何公司都无法从中逃脱，即便是潜力公司也免不了被错杀，而这正是对投资家智慧考验的时候。巴菲特逆市出手收购能源公司，目的不仅仅只是为了找一个最佳的价格攻击点，同时也隐含了他自己独有的思虑。大家可以想一下，市场对巴菲特如此，难道还会对其他网开一面吗？面对这个突发危机的市场，里面即有风险又有机遇，而这对谁都是一种无奈。

第三，国际油价的上涨，是创有史以来的最大单日。这样一来说明国际投机资本正在从股市逃向期市，以便为自己找到一个投机保值的安全港。但是，当金融危机祸及实体经济的时滞效应没有完全露面之前，在需求萎缩还没有表现在统计数据上之前，这种价格暴涨幻象，不仅会使投机客遭到危害，也会将真实的价格信号扭曲。而在发达经济体走上衰退之路之时，定会影响原材料价格趋势走向下跛。这样一来，就别的国家不说，单就对中国而言，这意味着什么呢？

首先，在发达国家需求萎缩之时，对中国就产生了一些影响。当国际原材料及大宗商品价格脱离了需求基本面，而这样一来必然会出现拐点，走上回归之路。而这对饱受原材料价格上涨之苦、面临巨大通货膨胀压力的中国来说，却是一个难得的机会。目前，对于中国经济与城市化进程都在不断发生着变化，所以，国际资源的支持，将会对中国起到很大的作用。而在这个关键时刻，原材料价格回落，无形中给中国的经济发展带来了正面的效应，使得中国经济能够平稳发展。

其次，在华尔街金融危机冲击国际金融业时，它过剩的金融服务机构与高端技术，迫使它急着找到一个买家。面对这样一个机会，中国不会让它从身边溜走。原因在于不同于华尔街金融服务业过度膨胀，中国的金融服务业还处于幼稚阶段，需要的正是金融服务的高端技术。如果这个时段出手，不仅可以用较低成本获得到较高的金融服务资源，同时还能提升本国的金融服务，减少金融业与先进国家的差距。正如巴菲特买能源公司一样，任何时候都没有到一个点上就能合适。

最后，在世上最宝贵的不是金融服务资源而是金融人才资源。当华尔街金融危机后，那些原来供职于国际顶级机构的大批高素质金融从业人员也都受到了冲击，现在正面临着卷铺盖走人、另谋高就的尴尬境地。面对这些人，在以前，他们的要价不仅高昂，而且根本没有门路可求。正是风暴的来临，才使得这些金融业高端人才市场改变了自己设置的格局。如果此时招贤，是再好不过的了。

面对着中国的发展，眺望未来，对于中国，它需要的不仅是一个合适的国际原材料价格市场环境，也需要一个提高金融服务技术与人才的时机。以此来看，尽管华尔街的这场危机冲击了中国的发展，但同时也为中国提供了一个即准又好的发展机会。但如何做，这就要看中国人是如何发展的，因为任何时候，当命运给你提供一次机会时，剩下的就要看自己的表现。

6. 后华尔街时代的改变和未来

●美国将如何面对“后华尔街”时代

2009 年，随着市场的回暖和企业恢复盈利，美国的金融业正在逐步走出危机的阴影，步入“后华尔街”时代。

美国重返实体经济之路

据调查，仅在纽约，从事证券业务的人员大约有 20.6 万名，与 2000 年鼎盛时期的 21.7 万人相当接近。如今，数万名银行家、交易员和后勤员工都加入到了求职热潮中。

美国一些聪明的年轻人或许已经意识到，新的财富之路不是在华尔街而是对冲基金。这是一项有益而积极的转变。它迫使美国重返创造、建设之路，暂停了那些在纸上进行的来回交易。截至 2006 年年底，标准普尔 500 指数成分股中金融类股占到了 22% 的权重。但金融类股在过去 11 个月中损失了 1.3 万亿美元，所占权重降至 14.4%。美国将会有更多的人去考虑一些实际的工程结构问题，而不再是华尔街上的金融衍生产品。

金融生态的转变

从金融生态方面来看，美国政府在对金融业的强力干预下，华尔街出现了巨大转变。首先表现在投资银行方面，在 2008 年 9 月下旬，雷曼兄弟破产，导致华尔街主要投资银行在两周内或被收购、或转型为银行控股集团，这些企业纷纷开始强化对风险的控制，实施杠杆化调节。随之，一些竞争对手在投行业务领域消失，从而进一步扩大了高盛集团的领先优势。

在美国领先的几大商业银行在排序上也发生了很大变化。受金融危机冲击较小的摩根大通通过收购贝尔斯登和美林证券之后，成为美国最具实力的商业银行。在分别实现对美国全国金融公司、美联银行的收购计划之后，美国银行和富国银行成为美国房贷市场最主要的两家金融企业。而花旗集团因为金融危机的冲击较强烈，从全球市值第一的位置上跌落下来，其业务的拆分、重组仍在进行当中。

为了积极应对金融危机，美国政府对于金融企业的干预程度也达到了空前规模。虽然关于政府干预市场的争论依然存在，但是在市场机制瘫痪的状态下，美国政府能够果断干预，在很大程度上缓解了金融危机对全球金融体系的冲击。美国政府接管了曾经是世界上最大保险公司的美国国际集团以及两大房贷企业房地美和房利美。在对花旗集团的实施救助后，美国政府最终成为花旗最大的股东。但是，美国政府还不知道如何从这些金融机构中退出，怎样向纳税人交代还是个问题。因此，随之引发的道德风险，以及如何解决大型金融机构因太大而不能倒闭的问题，将是美国政府面临的又一问题。

●下一个华尔街会在哪里

美国五大投行的消失，标志着华尔街一个时代的落幕。当金融危机发展到一个局面时，市场就会发生不同的变化。华尔街已经不存在了，成为了过去，而对于未来也只是一种展望，一种想象。想象未来的发展会是什么样子的，是否和现在还是一个样子呢？

瑞士或成“新”华尔街

2008年9月21日，华尔街两大“金字招牌”——高盛和摩根斯坦利无奈地宣布，他们将会把当前的投资银行改制为银行控股公司。这一行为也就意味着两家公司即将告别以往“高风险、高收益”的运作模式，变身传统的商业银行，从此接受美联储和其他监管机构更为严厉的监管，主要经营储蓄业务。而在金融危机之前，两家投行主要从事证券买卖和为客户提供咨询等服务，因此较少受到管制。

随着五大投行的相继倒闭、出售或者改制，华尔街曾经引以为豪和赖以生存的独立投行业务模式已经到了尽头，这是继20世纪30年代美国立法将投行从传统银行业务分离以来，华尔街一个时代的落幕。华尔街的未来会是怎样？《华尔街日报》对此做了展望。

瑞士，一个只有几家银行业巨头的国家，他们这些公司的规模和经济地位决定了一个国家的成败，以致它们本质上几乎成了准政府性质的机构。在这里，国家的金融事务由瑞士信贷集团和瑞士银行主导。这也是美国经济需要走的路，美国银行、摩根大通甚至花旗集团如今都代表了那些最后屹立不倒的巨头。虽然人们尚未看到经济的全面整合，但这一趋势必将在全国各地的一系列中小型银行中蔓延开来。这样的发展道路势必会给整个经济发展带来明显的效果：减少了资本来源、借贷利率竞争力减弱以及一个几乎集中式的银行决策体系。这或许会给美国的未来造就一个更健康的金融体系，但经济上付出的代价却是增长萎缩。

未来金融中心不在纽约

金融风暴之后，纽约和美国在金融领域的主导作用受到投资者的严重质疑。美国为了筹集资金，把眼光投向了海外的中东和亚洲。随着资金的增多，美国在新的金融机构、新的用工和新的规则方面的实力也会随之增强。

2007年，美林和雷曼兄弟分别是世界第四和第五大债券承销商，同时也是第二和第九大股票承销商。而如今这两家公司都已今非昔比。

所以，即使纽约在它的筹资路线上，但它的发展之路也需要更加谨慎，在新加坡、迪拜、北京和伦敦的身上需要花费更多的心思和时间。而现在看来，美国已经死于自己的创新。

参考文献

齐雁冰，高盛大摩转型，华尔街五大投行悉数“覆没”［N］，北京青年报，2008 年 9 月。

王晓然和陈洁高，高盛大摩转为银行控股公司，华尔街五大投行无一幸存［N］，北京商报，2008 年 9 月。戎明迈，次贷危机冲垮投行，高盛摩根士丹利转型传统银行［N］，南方都市报，2008 年 9 月。

马骏骎和刘琳，华尔街模式终结，高盛大摩放弃投行［N］，每日经济新闻，2008 年 9 月。

马红漫，雷曼兄弟破产不仅仅是个案［N］，广州日报，2008 年 9 月。

谢国忠，过低利率不利于经济，胡婧薇［N］，21 世纪经济报道，2009 年 1 月。

焦建，冰岛，国家破产［OL］，经济观察网，2008 年 10 月。

荆才，海啸淹亚洲，巴韩最高危［N］，香港文汇报，2009 年 3 月。

张国良，在金融危机面前，商业银行应该是稳定器［N］，第一财经日报，2008 年 9 月。

石贝贝和王明夫，花旗坠落，金融危机最艰难时刻到来［N］，上海证券报，2008 年 11 月。

孟庆海，学者激辩金融危机第二波 热钱或下半年回流，中央电视台，2009 年 3 月。

方家喜，花旗警讯，金融危机正从投行蔓延至商业银行［N］，经济参考报，2008 年 11 月。

胡祖六，危机中商业银行比投行损失更重［OL］，腾讯财经，2008 年 9 月。

朱周良，东欧危机扩散 欧元重挫至两个月低点［N］，上海证券报，2009 年 2 月。

王云和张莫，东欧经济重感冒尚未传染全世界［N］，经济参考报，2009 年 3 月。

唐玮、钱秋君和宋鸿兵，东欧拖累西欧：第二波金融危机已到来［N］，华夏时报，2009 年 2 月。

蒋家华，金融海啸第二波路线图渐显，中国不会伤筋动骨［N］，中国证券报，2009 年 2 月。

付可，香港金管局总裁任志刚：二轮海啸已杀到［N］，南方都市报，2009 年 1 月。

宋鸿兵，全球金融危机第二波的几大病症［N］，第一财经日报，2009 年 2 月。

郎咸平，2 月开始第二波危机已袭来［N］，中山商报，2009 年 2 月。

孙媛，金融危机第二波：各国央行不能承受之重［N］，证券时报，2009 年 3 月。

朱民和边卫红，中行副行长朱民警告第二波金融危机可能发生，中国证券报，2009 年 1 月。

实体经济衰退加剧，金融危机掀起“春季攻势”［N］，中国证券报，2009 年 2 月。

兰辛珍，金融危机对实体经济影响增大［N］，北京周报，2009 年 1 月。

刘家义，国际金融危机影响到我实体经济的进出口及就业［OL］，中央政府门户网站，2009 年 2 月。

尚军，欧盟积极拯救金融危机冲击下的实体经济［OL］，新华网，2008 年 10 月。

丛玫和俞倩，全球制造业大衰退，金融危机蚕伤实体经济［OL］，东方网，2008 年 11 月。

冯强，花旗银行总裁：金融危机已经蔓延到实体经济中［OL］，腾讯财经，2008 年 9 月。

张晓松，金融危机对中国实体经济产生三方面影响［OL］，新华网，2009 年 2 月。

晏琴，第二波金融危机或许来袭［N］，中国产经新闻，2009 年 2 月。

金石，纸是如何变成钱的［N］，华夏时报，2009 年 2 月。

高铁军，美保护主义抬头：裁员先找外国人，购物就要美国货［OL］，人民网，2009 年 2 月。